Tochukwu Uzor
Sellappan Palaniappan

Aplicação móvel para melhorar a dádiva de sangue em Abuja, Nigéria

Tochukwu Uzor
Sellappan Palaniappan

Aplicação móvel para melhorar a dádiva de sangue em Abuja, Nigéria

ScienciaScripts

Imprint

Cover image: www.ingimage.com

This book is a translation from the original published under ISBN 978-3-330-33381-9.

Publisher:
Sciencia Scripts
is a trademark of
Dodo Books Indian Ocean Ltd. and OmniScriptum S.R.L publishing group

120 High Road, East Finchley, London, N2 9ED, United Kingdom
Str. Armeneasca 28/1, office 1, Chisinau MD-2012, Republic of Moldova, Europe
Managing Directors: Ieva Konstantinova, Victoria Ursu
info@omniscriptum.com

Printed at: see last page
ISBN: 978-620-8-57287-7

SAIR

Os meus sinceros agradecimentos vão para Deus Todo-Poderoso (chukwuokike abiama,). Agradeço a Deus pelo seu amor e benevolência, que me ajudaram ao longo dos meus estudos na Malásia.

Gostaria também de agradecer à nobre Universidade de Ciência e Tecnologia da Malásia por me ter dado a oportunidade de realizar o meu trabalho de investigação.

Gostaria também de agradecer ao meu orientador de tese, Professor Sellappan Palaniappan, pelo seu amor paternal, carinho e encorajamento. Mostrou-me o caminho certo para atingir o objetivo da minha tese de mestrado. Este trabalho de investigação não teria sido possível sem o tempo e o empenho que dedicou à minha orientação.

A minha investigação não teria sido completa sem as respostas inteligentes dos meus inquiridos e o apoio técnico às suas contribuições.

Gostaria de agradecer à minha querida mãe pelo seu apoio moral e encorajamento, aos meus irmãos e irmãs e a Ebele Nwachukwu, que me deram o seu apoio moral e amoroso desde o início e nunca duvidaram do meu sucesso.

Gostaria de agradecer a todos os meus colegas investigadores, ao Sr. Datukun e a outros que contribuíram objetivamente para o êxito deste trabalho.

Os amigos não são esquecidos, porque sem eles, a vida num país estrangeiro teria sido aborrecida.

ÍNDICE DE CONTEÚDOS

LISTA DE ABREVIATURAS

ER	Emergency Room
IV	Intravenous
MHEALTH	Mobile Health
BTS	Blood Transfusion Service
WHO	World Health Organization
NGO	Non-Governmental Organization
UN	United Nations
NBTS	Nigeria Blood Transfusion Service
UNAIDS	United Nations Program on HIV and AIDS
FDA	Food and Drug Administration
HIPAA	Health Insurance Portability and Accountability Act
NHLBI	National Heart Lung and Blood Institute
IFBDO	International Federation of Blood Donor Organization
AIDS	Acquired Immune Deficiency Syndrome
HIV	Human Immunodeficiency Virus
HCL	Hairy Cell Leukemia
HCB	Hepatitis C
HCW	Health Care Waste
HCF	Health Care Facilities
IT	Information Technology
GPS	Global Positioning System
WAP	Wireless Application Protocol
CPU	Central Processing Unit
UML	Unified Modeling Language
CNIC	Computerized National Identity Card
APPS	Applications

RESUMO

O número acidentes e lesões que requerem transfusões de sangue está a aumentar em todo o mundo. Embora a necessidade de sangue seja universal, o acesso ao sangue para aqueles que dele necessitam não é, infelizmente, universal. Existe um grande desequilíbrio no acesso ao sangue seguro entre os países em desenvolvimento e os países industrializados.

A Nigéria, um dos países em desenvolvimento, enfrenta uma situação semelhante: aqueles que precisam de sangue têm pouco acesso a ele. O país tem problemas acidentes e terrorismo, em que as vítimas sofrem ferimentos que exigem transfusões de sangue. Outras situações que exigem transfusões de sangue são a anemia falciforme, a cirurgia de parto e o cancro.

O acesso a sacos de sangue para vítimas acidentes, terrorismo e doenças, que são comuns na Nigéria, é um problema. Propõe-se uma aplicação móvel, especialmente para a capital da Nigéria, Abuja, para facilitar o acesso ao sangue para as vítimas que necessitam de transfusões de sangue, o que tem sido feito através de campanhas e de contactos diretos aleatórios. A aplicação pode também ser utilizada noutros Estados para salvar vidas.

Foi desenvolvida uma aplicação móvel para permitir um acesso mais rápido ao sangue por parte de quem dele necessita em qualquer altura, que é apresentada neste trabalho. O seu objetivo é colmatar a lacuna entre o rigor da campanha e a frustração de encontrar pessoas que doem sangue voluntariamente, simplificando o processo. O código escrito em Java que o demonstra é apresentado no Apêndice B. Os requisitos do sistema, o diagrama de fluxo de dados e o diagrama de casos de utilização são apresentados na Tabela 3.1, na Figura 3.4 e na Figura 4.1, respetivamente, que representam o procedimento básico para desenvolver o programa do sistema. Foi utilizado o SQLite para desenvolver o backend, enquanto o frontend foi desenvolvido em Java. O frontend e o backend são descritos nas Figuras 5.6-5.13, que mostram os resultados da aplicação móvel desenvolvida.

CAPÍTULO 1
INTRODUÇÃO

1.1 Antecedentes e motivação dos estudos

Em muitos aspectos, os problemas de saúde são emergências que devem ser levadas a sério pelos médicos e outros profissionais de saúde. A dádiva de sangue pode ser classificada como um dos problemas logísticos de cuidados de saúde associados ao transporte de produtos médicos. A transfusão de sangue é um procedimento seguro e comum que envolve a administração de sangue a um doente por via intravenosa (IV). Em 1898, descobriu-se que as diferenças hereditárias nos glóbulos vermelhos das pessoas eram a causa de muitas incompatibilidades durante a transfusão. Karl Landsteiner descobriu então os três tipos de sangue. No corpo humano, o sangue doado continua a ser a única fonte de sangue para transfusões. A segurança do sangue é de extrema importância e o único sangue seguro é frequentemente designado por sangue livre (OMS, IFBDO). O sangue é frequentemente necessário em situações de emergência, por exemplo, para vítimas de acidentes, operações, doentes com cancro e doentes com anemia falciforme. O corpo humano tem entre 4,7 e 5 litros de sangue. O número acidentes e ferimentos que requerem transfusões de sangue está a aumentar em todo o mundo. Embora a necessidade de sangue seja universal, o acesso ao sangue para aqueles que dele necessitam não está, infelizmente, garantido. Existe um grande desequilíbrio entre os países em desenvolvimento e os países desenvolvidos no que respeita ao acesso a sangue seguro. Enquanto país em desenvolvimento, a Nigéria tem realizado regularmente campanhas públicas e solicitado diretamente aos indivíduos que doem sangue. Embora exista na Nigéria uma aplicação móvel chamada "Live Bank" para contactar os dadores e/ou receptores de sangue, há ainda uma lacuna que precisa de ser preenchida para simplificar ainda mais o processo.

1.2 Definição do problema

Existe um grande desequilíbrio entre os países em desenvolvimento e os países industrializados no que respeita ao acesso a sangue seguro. Apenas cerca de 40% do sangue recolhido todos os anos é doado nos países em desenvolvimento, onde vivem mais de 80% da população mundial (World Blood Donor, 2006).

A escassez de sangue é um problema crítico tanto nos países desenvolvidos como nos subdesenvolvidos. A utilização de

O sangue e os produtos sanguíneos são atualmente parte integrante da prática médica moderna.

Todos os anos são consumidos cerca de 108 milhões de sacos de sangue. Na Nigéria, com uma população de mais de 170 milhões de habitantes, estima-se que sejam necessários 1,4 a 1,7 milhões de sacos de sangue por ano. Em média, cada minuto de sangue é necessário para salvar uma vida. "Dê o seu sangue e salve uma vida" é um slogan que o Serviço Nigeriano de Transfusão de Sangue tem introduzido ao longo dos anos para incentivar os dadores. De acordo com a Cruz Vermelha Americana, uma pessoa uma transfusão de sangue a cada dois segundos na América, e são necessárias mais de 41.000 doações de sangue todos os dias (Blood Facts and Statistics 2015). As dádivas de sangue são a única forma de obter sangue para satisfazer as necessidades de emergência (Salaudeen A.G, Odeh.E, 2011). As doações de sangue podem salvar a vida de pessoas que perderam grandes quantidades de sangue acidentes graves, hemorragias obstétricas e ginecológicas ou procedimentos cirúrgicos e transplantes de células estaminais, bem como de pessoas que sofrem anemia sintomática devido a doenças médicas ou hematológicas ou cancro (Nwogoh .B, Usimenahon .A, Nwannadi. A.I et al, 2013). Se 10% dos nigerianos doarem sangue regularmente, a escassez de sangue será mínima. O recrutamento de dadores é uma fonte importante de fornecimento de sangue aos doentes. Os dadores de sangue podem ser classificados como dadores voluntários, dadores familiares de substituição ou dadores pagos ou remunerados.

O problema na Nigéria era o recrutamento manual de dadores através de campanhas físicas e de contactos diretos. Isto colocava um problema para lidar com situações de emergência. Embora seja utilizada na Nigéria uma aplicação móvel chamada "Live Bank" para contactar os dadores e/ou receptores de sangue, existe ainda uma lacuna que precisa de ser preenchida para simplificar ainda mais o processo. Esta aplicação registar os contactos dos dadores e/ou receptores registados e é depois utilizada pelos administradores para os atualizar, se necessário, por SMS e/ou correio eletrónico. Isto exige um certo tempo de espera e não é possível em determinadas situações de emergência, uma vez que o número do dador pode não ser transmitido ou alterado quando necessário. Além disso, não existe uma identificação autêntica dos dadores, o que facilitaria a sua identificação e localização ou o rastreio dos seus movimentos. Por conseguinte, é necessária uma aplicação móvel para tornar a dádiva e a colheita de sangue mais cómodas e/ou flexíveis, sem esquecer que é necessária uma identificação mais autêntica para criar confiança e limitar a criminalidade ou os erros. O objetivo desta investigação é, portanto, desenvolver uma aplicação móvel que simplifique ainda mais o processo de doação e/ou aceitação de sangue, permitindo que os dadores vejam os hospitais e/ou clínicas disponíveis aos quais se podem dirigir para doar sangue depois de se terem registado e sejam redireccionados para os dadores disponíveis que possam ter-se registado, minimizando assim o problema dos desafios de emergência e o stress de localizar os dadores na aplicação móvel "Life Bank".

1.3 Questões de investigação

As questões fundamentais a que é necessário dar resposta no âmbito deste projeto de investigação são enumeradas a seguir:

i. Os residentes da FCT da Nigéria estão satisfeitos com o sistema de doação de sangue em vigor?

ii. O que pensam os residentes da FCT na Nigéria sobre a aplicações móveis para doar sangue?

iii. Como podem as aplicações móveis melhorar a dádiva de sangue na FCT Nigéria?

1.4 Objetivo e finalidade

Para responder às questões de investigação colocadas, foram definidos objectivos.

i. Estudo da satisfação dos residentes da FCT na Nigéria com o atual sistema de doação de sangue.

ii. Estudo das opiniões dos residentes da FCT na Nigéria sobre a utilização uma aplicação móvel para a dádiva de sangue

iii. Desenvolver uma aplicação móvel para melhorar a doação de sangue na FCT Abuja Nigéria, que é objetivo desta investigação.

1.5 Âmbito do estudo

O estudo será limitado à FCT Abuja, a capital da Nigéria. A aplicação móvel será desenvolvida utilizando Java como linguagem de programação, executada no IDE Eclipse. Será utilizada a SQLite como base de dados para a aplicação Android. O AVD será utilizado para a compilação móvel. Os dadores e os receptores de sangue podem não ter consciência disso, mas os médicos e os administradores serão os seus intermediários para garantir que o processo de dádiva de sangue decorre sem problemas.

1.6 Importância do estudo

A saúde móvel (MHealth) é uma nova tendência nos países em desenvolvimento (Nigéria). Tem um grande potencial para as emergências e para salvar vidas. Revelou-se uma solução rentável para os cuidados de saúde e o acesso aos cuidados nas zonas rurais. Esta aplicação serve de meio de comunicação entre as várias partes interessadas (dadores, receptores, BTS e hospitais) e permite localizar os vários depósitos de sangue ou bancos de sangue nas proximidades. Muitas pessoas perdem a vida todos os dias não terem acesso a sacos de sangue a tempo, por exemplo, em caso de acidentes rodoviários, vítimas de terrorismo, doentes com anemia falciforme, etc. A aplicação móvel para a doação de sangue permitirá um contacto rápido e abrangente com os dadores em situações de emergência.

1.7 Organização da tese

Chapter 1 discute a introdução.

Chapter 2 fala sobre a revisão de vários livros e software existentes utilizados no desenvolvimento destas aplicações.

Chapter 3 descreve a metodologia de investigação.

Chapter 4 Este capítulo descreve a estrutura do sistema.

Chapter 5 abrange o desenvolvimento e o funcionamento da aplicação móvel. São abordados o front-end e o back-end da aplicação.

Chapter 6 resume o trabalho e oferece explicações e implicações para os resultados já apresentados no Capítulo 5, bem como restrições e recomendações para investigação futura no domínio das aplicações móveis.

Publicações; divulgação de conhecimentos

Publicações em revistas

Uzor Tochukwu Valentine, Sellappan Palaniappan e Datukun Kalamba A. (2016). Proposta de um sistema de chamadas móveis para a Nigéria. Jornal Internacional de Tecnologia Avançada e Exploração de Engenharia. 3(21). 105-109

Uzor Tochukwu Valentine, Sellappan Palaniappan e Datukun Kalamba A. (2016). Rumo a um sistema móvel de doação de sangue na Nigéria. Jornal Internacional da Organização de Investigação e Desenvolvimento. (Adotado, mas ainda não publicado)

Documentos da conferência

Uzor Tochukwu Valentine, Sellappan Palaniappan e Datukun Kalamba A. (2016). Análise e conceção de sistemas para o desenvolvimento de um sistema de chamadas móveis na Nigéria. Primeira conferência internacional sobre inovação disruptiva, ICDI2016.

Uzor Tochukwu Valentine, Sellappan Palaniappan e Datukun Kalamba A. (2016). Um sistema móvel de chamada de sangue: um estudo de caso na Nigéria. Conferência internacional sobre inovações de investigação interdisciplinar em informática, biociências e eletrónica (ICIRCBE'16). 438447

CAPÍTULO 2

REVISÃO DA LITERATURA

Este capítulo analisa a literatura estabelecer a base teórica desta investigação. As áreas a estudar incluem a dádiva de sangue, situações que exigem a dádiva de sangue, como acidentes ou actividades terroristas que resultam em ferimentos para os quais é necessário sangue, desafios à dádiva de sangue, dádiva de sangue na Nigéria e trabalhos relacionados.

2.1 Dádiva de sangue

Existem vários tipos de recrutamento de dadores, incluindo dadores voluntários, dadores remunerados e dadores de substituição. A melhor forma de garantir um fornecimento seguro e adequado de sangue e produtos sanguíneos para transfusão é assegurar um bom fornecimento de dádivas regulares de dadores voluntários não remunerados (OMS, 2015). A oportunidade de melhorar os cuidados de saúde dos doentes através do recrutamento de dadores é um dos principais incentivos. As atitudes em relação à dependência exclusiva ou à dádiva de sangue voluntária e não remunerada mudaram nos últimos anos, tendo os peritos de alguns países desenvolvidos reavaliado a dependência parcial da dádiva remunerada (Hassan.A, Nasim.S H& Fariba, 2010). Muitos países estão a utilizar incentivos em vez de pagar diretamente aos dadores. Alguns países, como os Estados Unidos, o Canadá e a Europa, utilizam incentivos não monetários para encorajar a dádiva de sangue. Em geral, a questão da compensação e dos dadores voluntários tem sido controversa durante muitas décadas, a fim aumentar o número de dádivas de sangue. actuais compensação e substituição são necessários para manter o fornecimento de produtos essenciais e garantir produtos seguros num ambiente controlado (Farrugia .A, Penrod .J, & Bult .J.M, 2010). O ceticismo baseia-se no pressuposto de que a utilização incentivos pode atrair dadores vulneráveis e minar a motivação para doar sangue em vez do altruísmo (Lorenz.G&Alois.S, 2008).

2.1.1 Tipos de sangue

Cada pessoa tem um grupo sanguíneo diferente a circular no seu corpo. Existem dois tipos comuns de grupos sanguíneos

grupos sanguíneos, que são determinados pela presença ou ausência de certos antigénios, ou seja, substâncias que provocam uma resposta imunitária se forem estranhas ao corpo humano.

podem desencadear uma reação imunitária se forem estranhas ao corpo humano. Como certos antigénios estimulam o sistema imunitário de uma pessoa, é importante ser capaz de os distinguir.

Uma vez que certos antigénios podem fazer com que o sistema imunitário de um doente ataque o sangue transfundido, uma transfusão de sangue segura depende de uma tipagem sanguínea cuidadosa e de uma compatibilidade cruzada (Ghulam.M.K, Md Rahmatullah, Ishita Mostafa, 2014).

O grupo sanguíneo ABO, um dos dois principais tipos de sangue, compreende quatro tipos de sangue diferentes que estão incluídos no sistema ABO. Estes são os grupos A, B, AB e O. Cada grupo sanguíneo é identificado por uma série de moléculas (antigénios) que se encontram na superfície dos glóbulos vermelhos ( ). Quando uma pessoa necessita de uma transfusão de sangue, o sangue doado deve ser idêntico ao do recetor, caso contrário podem surgir complicações (melhor saúde). A figura 2.1 ilustra o padrão sanguíneo ABO.

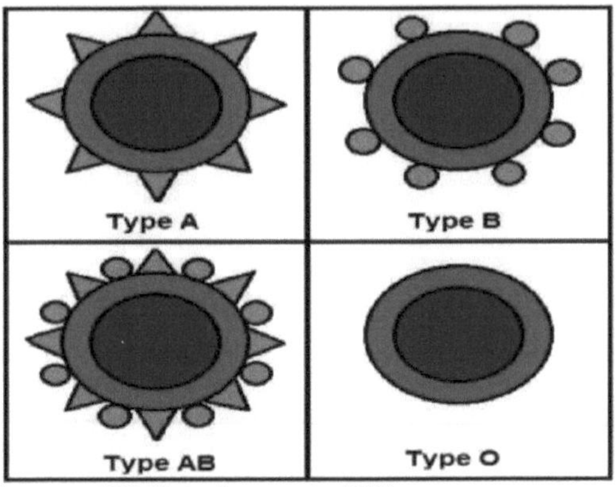

Figura 2.1: Amostra de sangue ABO (fonte: Susan wentz, 2012)

O fator de grupo sanguíneo Rh é o segundo tipo de grupo sanguíneo, que é também um sistema de grupo sanguíneo importante para a transfusão no sistema RH. O antigénio D nos glóbulos vermelhos dá-lhe positivo (+) ou negativo (-) de acordo com as letras A, B, AB e O. As pessoas com sangue Rh-positivo podem receber sangue Rh-negativo, mas as pessoas com sangue Rh-negativo terão uma reação transfusional se receberem sangue Rh-positivo. Uma transfusão causada por um grupo sanguíneo Rh incompatível pode ser grave. O grupo sanguíneo Rh é apresentado na Figura 2.2.

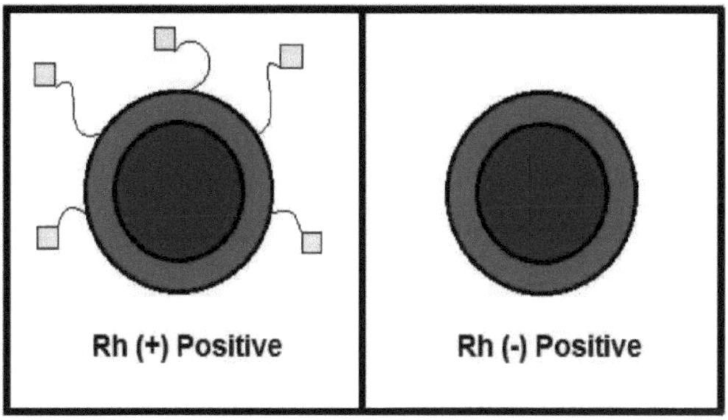

Figura 2.2: Amostra de sangue Rh (fonte: Susan wentz, 2012)

Na vida humana, existem diferentes grupos sanguíneos, que variam de uma pessoa para outra. Por conseguinte, é necessário efetuar uma comparação entre o grupo sanguíneo do dador e o do recetor. A tipagem do sangue do recetor determina o estado ABO e Rh (Ghulam et al. 2014). É importante escolher corretamente o grupo sanguíneo do dador para evitar riscos de transfusão. A segurança do paciente é primordial e a compatibilidade cruzada correta é necessária para evitar qualquer risco (Hall T.C., Pattenden C, Hollobone C, Pollard C, Dennison A.R, 2013). A Figura 2.3 mostra o diagrama de compatibilidade.

	CAN RECEIVE							
BLOOD TYPE	O-**	O+	B-	B+	A-	A+	AB-	AB
AB	•	•	•	•	•	•	•	•
AB-	•		•		•		•	
A+	•	•			•	•		
A-	•				•			
B+	•	•	•	•				
B-	•		•					
O+	•	•						
O-	•							

Figura 2.3: Diagrama de compatibilidade (fonte: http://www.bloodbook.com/type-facts.html)

2.1.2 Tipos de dadores de sangue

Os dadores de sangue podem ser voluntários, familiares/dadores de substituição e dadores remunerados.

A dádiva voluntária é a norma recomendada pela OMS para a adaptação da dádiva de sangue. O altruísmo é um ato de abnegação e de dádiva voluntária. Os dadores voluntários não procuram qualquer forma de remuneração ou incentivo, mas agem por altruísmo.

Outra possibilidade é a dádiva direta de sangue por membros da família ou amigos que tenham o mesmo grupo sanguíneo. Os dadores recebem uma determinada quantia de dinheiro para dar sangue aos doentes. Muitos dadores remunerados, que aceitam dar sangue a troco de dinheiro, são por vezes portadores infecções e doenças como a síndrome da imunodeficiência adquirida, a hepatite C, a leucemia de células pilosas e outras infecções que prejudicam a saúde do dador.

O mundo e a Nigéria no seu conjunto devem criar um melhor ambiente para o recrutamento de dadores, a fim de satisfazer as necessidades da população e reduzir a escassez de sangue, de modo a salvar mais vidas na nossa sociedade.

2.1.3 Banco de sangue virtual

A transfusão de sangue é um procedimento seguro e rotineiro que envolve a administração de sangue ao paciente através de uma via intravenosa (IV) num dos vasos sanguíneos (Anna B.F. et al, 2012). O advento da tecnologia e da informática tornou possível fornecer e liberar sangue compatível e até mesmo não compatível para transfusão em locais remotos em tempo real, e controlar eletronicamente todo o processo de transfusão de ponta a ponta. A Figura 2.4 ilustra a infraestrutura completa de um banco de sangue virtual.

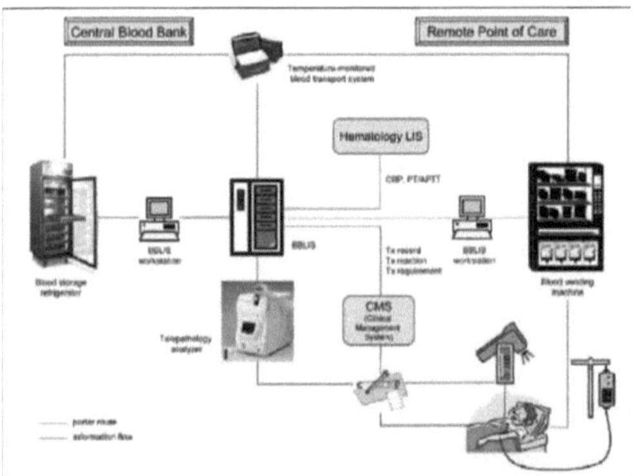

Figura 2.4: Banco de sangue virtual (fonte: https://www.ncbi.nlm.nih.gov).

Um número adequado unidades de dadores de diferentes grupos ABO é armazenado separadamente nos compartimentos previstos para o efeito nos frigoríficos de sangue no local remoto, dependendo da dimensão do departamento e das necessidades de transfusão.

2.1.4 Segurança das transfusões de sangue

Os resíduos de cuidados de saúde RSC) são necessários para a realização segura de transfusões de sangue. As transfusões de sangue implicam a utilização de uma vasta gama de equipamentos, incluindo agulhas, sacos de sangue, seringas e produtos químicos, que acabam por fazer parte dos resíduos das unidades de cuidados de saúde (Geeta Shakya, 2013).As unidades de cuidados de saúde geram resíduos através de produtos de cuidados de saúde que podem ser classificados como resíduos infecciosos, incluindo tecidos humanos, fluidos corporais, excrementos, artigos como recipientes de urina, seringas com arestas vivas e pedaços de vidro, muitos dos quais podem estar contaminados (Patil & Shekdar, 2001; Vijaya Kumar Goddu et al, 2007; Ngwuluka Ndidi et al, 2009). As principais razões para a má gestão dos HCW são a falta de legislação adequada, a falta de pessoal clínico especializado, a falta de sensibilização e a falta de controlo efetivo. Os investigadores também afirmam que as dificuldades financeiras são também um grande desafio nos países em desenvolvimento e, por conseguinte, estão à procura de de eliminação rentáveis para os HCW (Zimmerman C. et al 2011). Os RSS devem ir além da recolha de dados, da aplicação da lei e da aquisição de melhor equipamento. Deve ser apoiada por uma educação, formação e envolvimento adequados dos profissionais de saúde e dos quadros de saúde no âmbito de um quadro político e legislativo eficaz (Rajesh Kumar Singhet et al, 2009; Arvind K. Jha etal, 2011; Kavita N.G.et al, 2015).

2.2 Situações que requerem uma transfusão de sangue

As hemorragias causadas por lesões acidentais, actividades terroristas, parto e cancro não estão isentas de transfusão de sangue (Erhabor et al, 2010). O recrutamento de dadores de sangue é um grande problema, dificultado por uma série de desafios.

2.3 Os desafios da dádiva de sangue

A saúde médica ou móvel pode salvar vidas, mas também pode ser um fator de risco. Muitos países em desenvolvimento enfrentam barreiras políticas, socioeconómicas e culturais. A tecnologia móvel permite os utilizadores tenham acesso ubíquo a informações e aplicações, proporcionando flexibilidade na comunicação (Kaplan W. A., 2006). A saúde móvel apresenta alguns desafios crescentes para o desenvolvimento tecnológico neste domínio. A maioria dos produtos M-Health é importada de países desenvolvidos sem ter em conta o ambiente geográfico e topográfico (V. C. Chan & R. D. Kaufman, 2010; Arul Chib et al., 2014).

As grandes áreas locais, a fraca aceitação por parte dos utilizadores da recolha de dados através de SMS e telemóveis e os baixos níveis literacia constituem um desafio à utilização da saúde móvel nos países em desenvolvimento. Além disso, na maioria das zonas rurais dos países em desenvolvimento, as ligações móveis não são fiáveis, apesar da crescente cobertura da rede, e o sinal é frequentemente fraco, dificultando a utilização do telemóvel. A taxa média de dádivas nos países desenvolvidos é de 38,1 dádivas/1000 habitantes, 7,5 nos países em transição e 2,3 dádivas por 1000 habitantes nos países em desenvolvimento, incluindo a Nigéria (Chiejina, 2012).

2.4 Dádiva de sangue na Nigéria

Ao longo dos anos, a Nigéria tem-se esforçado por criar um Serviço Nacional de Transfusão de Sangue (NBTS), que remonta ao início da década de 1960. Dado o estado atual do serviço de saúde nigeriano, estima-se que sejam necessários 1,5 milhões de sacos de sangue por ano. No entanto, uma recolha nacional de dados de base sobre a transfusão de sangue, realizada em agosto de 2005, revela que, no ano passado, apenas foram recolhidos meio milhão de sacos de sangue de fontes privadas e públicas, sendo mais de 90% do sangue doado proveniente de dadores pagos. Afirma-se que os dadores remunerados estão associados a um risco elevado infecções transmissíveis por transfusão, como o VIH, a hepatite C e a sífilis (OMS, 2008), (Mascaretti et al, 2004). Na Nigéria, estima-se que 3,2% da população vive com VIH/SIDA, ou seja, 3,4 milhões de pessoas de uma população total de mais de 180 milhões. O VIH, que é transmitido através de sangue não seguro, é a segunda maior fonte de infeção pelo VIH na Nigéria (ONUSIDA, 2014). A figura 2.5 mostra a taxa de prevalência do VIH na Nigéria e os estados com o maior número de pacientes infectados pelo VIH.

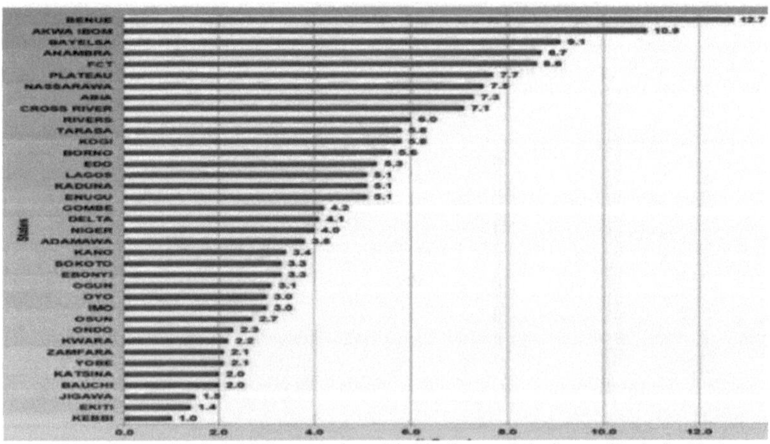

Figura 2.5: Taxa de prevalência do VIH por estado na Nigéria (fonte: tabela de prevalência das Nações Unidas de 2015)

Em 2002, a Organização Mundial de Saúde (OMS) estimou que 5 a 10% das infecções por VIH em África eram transmitidas por transfusões de sangue não seguras, com base em determinados pressupostos sobre a prevalência de infecções na população e entre os dadores de sangue, bem como sobre a extensão do rastreio. Dia Mundial do Dador de Sangue - A Nigéria precisa de estratégias inovadoras para garantir um abastecimento de sangue adequado e seguro. O Ministro de Estado da Saúde, Dr. Osagie Ehanire, afirmou, num discurso proferido numa conferência em Nova Iorque, que o acesso a transfusões de sangue seguras exige estratégias inovadoras para garantir um abastecimento de sangue suficiente e seguro.

Conferência de imprensa realizada em Abuja a 14 de junho de 2016 para assinalar o Dia Mundial do Dador de Sangue (WBDD) (OMS África, 2016). Na Nigéria, as campanhas nos meios de comunicação social são utilizadas para informar a população sobre a dádiva de sangue e a sua aceitação, mas tal não é suficiente para reduzir o número de pessoas que morrem devido à falta de sacos de sangue seguros nos bancos de sangue nigerianos (Orji C. C., 2015). Além disso, a grande promessa das campanhas nos meios de comunicação social reside na sua capacidade de transmitir mensagens bem definidas e centradas no comportamento, repetidamente, durante um período de tempo alargado, de forma acidental e a baixo custo por pessoa, a uma vasta audiência (Wakefield, Loken e Hornik, 2010).

A Connect Nigeria é uma empresa nigeriana que desenvolveu uma aplicação móvel denominada "Life Bank". Com acesso limitado a sangue seguro na Nigéria, o Life Bank facilita a doação e a receção de sangue, actualizando os dadores e/ou receptores que se registaram através de SMS e e-mail (Connect Nigeria, 2013). A Figura 2.1 descreve a interface da aplicação "Life Bank", que é descrita como um "projeto de um por cento".

2.5 Dádiva de sangue e aplicações móveis

Todos os anos, o sector da saúde gasta 2,7% do seu volume de negócios em aplicações de saúde (Karen et al, 2009). Estas incluem aplicações para a doação e recolha de sangue.

A adoção e a utilização generalizadas da tecnologia móvel estão a abrir caminhos novos e inovadores para melhorar a saúde e os cuidados de saúde. Não existe uma definição definitiva de "saúde móvel", mas pode ser definida como a geração, compilação e divulgação de informações de saúde dispositivos móveis e sem fios. De acordo com as estimativas da indústria, 500 milhões de utilizadores de smartphones em todo o mundo utilizarão uma aplicação de saúde até 2015 e, até 2018, 50% dos mais de 3,4 mil milhões de utilizadores de smartphones e tablets terão descarregado uma aplicação de saúde móvel (FDA). As aplicações MHealth são utilizadas em diferentes áreas dos cuidados de saúde, como os cuidados de saúde materno-infantis e o apoio a voluntários de saúde comunitários. As aplicações de saúde móvel podem incluir mensagens SMS ou de texto, serviços de voz e outros serviços de pacotes de dados, como WAP e GPS. Podem ser textos SMS simplificados (que seguem uma lógica predefinida interpretada por um servidor central) ou transmissão de dados SMS a partir de aplicações (J2ME, Android, etc.) instaladas no telemóvel (Asangansi & Kristin, 2010). A presença do GPS permitiu que os doentes e os dadores soubessem instantaneamente a localização de qualquer unidade de saúde nas proximidades.

Desenvolveram um autenticação de produtos móveis em que os clientes utilizam um cartão de raspadinha, semelhante ao utilizado para carregar o tempo de antena na rede móvel, para desbloquear um código único nos produtos farmacêuticos.

2.5.1 Aplicação móvel Sproxil

A Figura 2.6 mostra como funciona a aplicação sproxil.

Figura 2.6: Interface do utilizador do Sproxil (fonte: http://acumen.org/investment/sproxil/).

Em seguida, enviam o código por SMS para o número "38353 para medicamentos contrafeitos", que é idêntico em todas as redes móveis de um país. Os servidores da Sproxil enviam imediatamente uma resposta, indicando se o medicamento é genuíno ou contrafeito. Se for encontrado um produto contrafeito, os consumidores recebem um número de linha direta para o qual podem ligar e denunciar o produto.

O método simples, eficaz e económico do Sproxil tira partido de tecnologias facilmente disponíveis e compreensíveis para todos os sectores da sociedade.

O ePROGESA oferece todas as vantagens da tecnologia web e Java, incluindo a utilização de mecanismos de base de dados relacionais de última geração para melhorar o desempenho, a alta disponibilidade, a segurança e a robustez do software. Trata-se de uma versão baseada na Web da solução completa e integrada de banco de sangue que é amplamente utilizada em todo o mundo. A tecnologia Web é a resposta às crescentes necessidades e exigências tecnológicas no domínio da transfusão de sangue em termos de flexibilidade, mobilidade e segurança.

Outras aplicações móveis interessantes são o Sproxil SMS, que pode ser encontrado em acumen.org, e o Life Bank, uma versão nigeriana. Algumas das aplicações móveis disponíveis não têm qualquer forma de autenticação, enquanto outras têm (Sofia Onuhbi et al, 2015).

2.5.2 Aplicação móvel do Banco de Vida

A Connect Nigeria é uma empresa nigeriana que desenvolveu uma aplicação móvel denominada "Life Bank".

Com acesso limitado a sangue seguro na Nigéria, o Life Bank facilita a doação e a receção de sangue, actualizando os dadores e/ou receptores que se registaram através de SMS e e-mail (Connect Nigeria, 2013). A Figura 2.7 descreve a interface da aplicação do Life Bank, a que se referem como o "projeto um por cento". Este trabalho de investigação melhorar esta aplicação em particular, que não está a funcionar de momento e carece de alguns elementos-chave que pretendo utilizar como complemento.

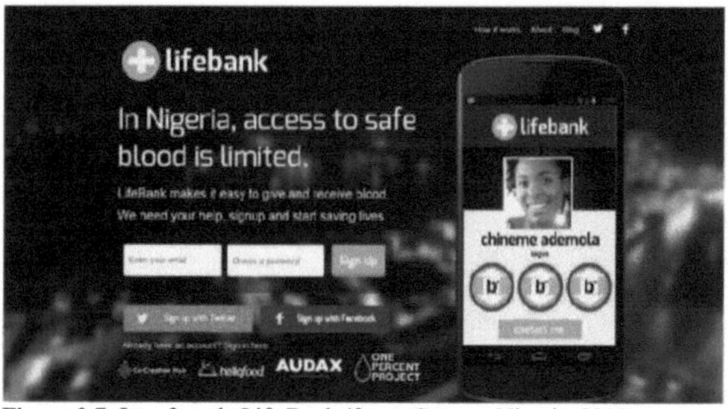

Figura 2.7: Interface do Life Bank (fonte: Connect Nigeria, 2013)

2.6 Trabalhos relacionados

Existem muitas aplicações móveis para os serviços de saúde, incluindo os serviços de transfusão de sangue. Algumas destas aplicações são examinadas e descritas neste estudo.

http://acumen.org/investment/sproxil Este sítio Web fala sobre a Sproxil SMS, que está a criar na Nigéria o primeiro serviço nacional de combate à contrafação baseado em telemóveis em África e que já vendeu mais de 5 milhões de etiquetas anti-contrafação.

Observação: Verifico que se trata de uma aplicação móvel, utilizada através de telemóveis Android, que é interactiva e prática.

Sistema MAK (2008). Notificação prévia à colocação no mercado 510 (K) Resumo (https://www.fda.gov/downloads/Biolog/UCM151241.pdf)

A MAK-System International é uma empresa americana que desenvolveu **o ePROGESA**, baseado em tecnologia web.

Trata-se de uma solução de software americana, especialmente concebida para satisfazer as necessidades funcionais dos bancos de sangue e dos serviços de transfusão dos Estados Unidos.

Observação: para o ePROGRESA, utilizámos uma tecnologia web que é também móvel.

Sofia Onuhbi, Jose Luis Fernandez-Ambrosio Toval, Ali Idris, Jose Rivera Poo (2015). Aplicações móveis para doação de sangue gratuita. Revista de Sistemas Médicos.

Este documento analisa e avalia as caraterísticas das aplicações gratuitas para a dádiva de sangue (BD) em termos de caraterísticas e funcionalidades.

Observação: a maioria das aplicações disponíveis ajuda os utilizadores a encontrar dadores de sangue

Connect Nigeria (2013). Aplicação de doação de sangue, Life Bank, almoço na Nigéria.

A Connect Nigeria é uma empresa nigeriana que desenvolveu uma aplicação móvel denominada "Life Bank". Como o acesso a sangue seguro é limitado na Nigéria, o Life Bank facilita a dádiva e a receção de sangue.

Observação: a aplicação baseia-se em alertas SMS que permitem aos utilizadores registarem-se e receberem notificações de doação de sangue ou de receção de sacos de sangue. Isto pode não ser suficiente para situações de emergência, uma vez que é necessário esperar pela(s) notificação(ões).

CAPÍTULO 3

METODOLOGIA

O Capítulo 2 apresentou o enquadramento teórico desta investigação. Neste capítulo, discutiremos a metodologia utilizada para atingir o objetivo e os objectivos da investigação. Alguns dos aspectos a discutir são a recolha de dados, os requisitos do sistema e o plano do fluxo de investigação.

3.1 Quadro metodológico

O quadro metodológico descreve gradualmente a série de métodos utilizados neste trabalho de investigação, como mostra a Figura 3.1.

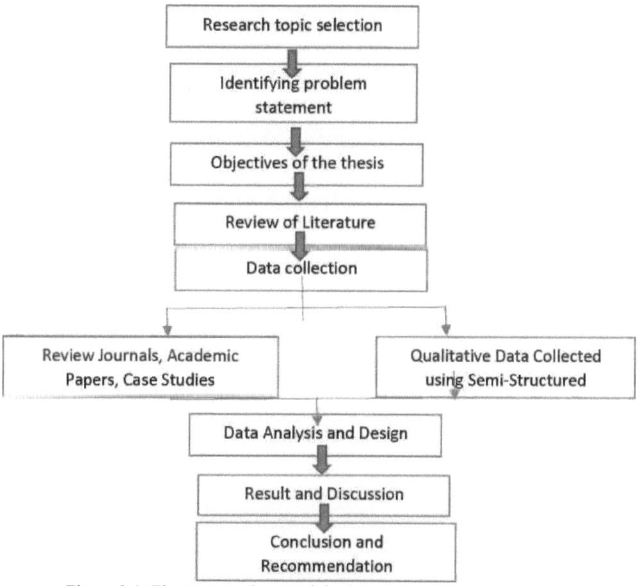

Figura 3.1: Fluxograma da metodologia

3.2 Recolha de dados

Os dados primários e secundários são recolhidos com objectivos diferentes, que serão discutidos mais adiante.

3.2.1 Dados primários

Os dados recolhidos através de um questionário, que representam os dados primários de base, serão utilizados para avaliar a satisfação dos potenciais clientes com o atual sistema manual de doação e aceitação e com a aplicação existente, que não incentiva verdadeiramente os clientes a levá-la a sério. Classificamos estes dados específicos como primários porque não eram conhecidos anteriormente (Donald, 2005).

O objetivo é avaliar em que medida os dados satisfazem os requisitos de qualidade da investigação atual e os critérios metodológicos da boa prática científica (Joop & Hennie, 2005).

Table 3.1: Recolha de dados na FCT Nigéria

Description	Strongly disagreed	Disagreed	uncertain	Agreed	Strongly agreed
Blood donation system is useful in Nigeria	2	7	15	54	22
Increase in voluntary blood donation by use of mobile app	4	9	19	49	19
Will mobile app reduce discrepancies in Bts	6	8	10	61	15

A Tabela 3.1 descreve os dados recolhidos junto dos nigerianos na FCT em Abuja, a capital da Nigéria, relativamente às suas opiniões sobre a aplicação móvel. As Figuras 3.2 e 3.3 descrevem o conteúdo do Quadro 3.1 em mais pormenor.

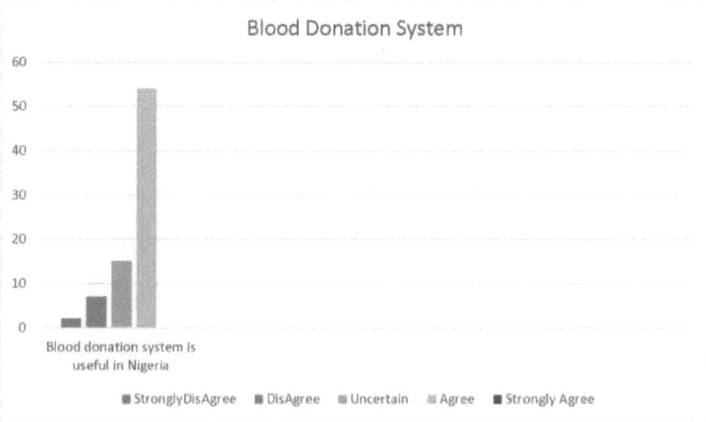

Figure 3.2: Respondents Feedback on Usefulness of Blood Donation System

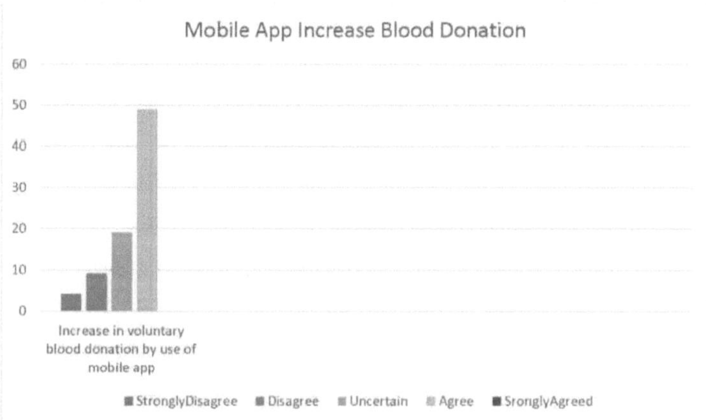

Figure 3.3: Respondents Feedback on Mobile Appeal Increase of Blood Donation

3.2.2 Recolha de dados secundários

Os dados secundários são recolhidos da literatura existente, onde se encontram informações sobre

Os dados são recolhidos através de jornais, revistas, relatórios de investigação, revistas académicas e da Internet.

Jornais, revistas, revistas académicas e a Internet. A partir daí, a investigação será apresentada com uma série de caraterísticas problemáticas. Em primeiro lugar, será identificada a fonte de dados que pode ser útil para o problema de investigação. Em segundo lugar, os dados relevantes serão recuperados para serem utilizados como entrada para a aplicação e também como ferramentas para a conceção do modelo e o desenvolvimento do sistema. Os quadros 3.2 e 3.3 descrevem os dados secundários obtidos a partir das pesquisas bibliográficas.

A Tabela 3.2 mostra alguns dos dados necessários para a aplicação móvel, enquanto a Tabela 3.3 descreve os requisitos para o desenvolvimento da aplicação móvel.

Table 3.2: Compatibilidade do sangue Descrição

	Blood main groups			
Blood category	A	B	AB	O
Positive group	A^+	B^+	AB^+	O^+
Negative group	A^-	B^-	AB^-	O^-

Table 3.3: Ferramentas de desenvolvimento e conceção

PURPOSE	**SOFTWARE**
Database	SQLite 3.13.0
Designing of UML Diagram	MS Visio 2013
Designing of system flow chart	MS Visio 2013
Coding of the Source code	Eclipse IDE 9.0
Programming Language	Java

3.3 Conceção do questionário

O Apêndice 1 descreve o questionário utilizado para recolher os dados primários, que está dividido em duas secções principais. A primeira secção é demográfica e contém perguntas sobre idade, sexo e dados pessoais gerais relacionados com a aplicação móvel de doação de sangue. A segunda parte do questionário inclui

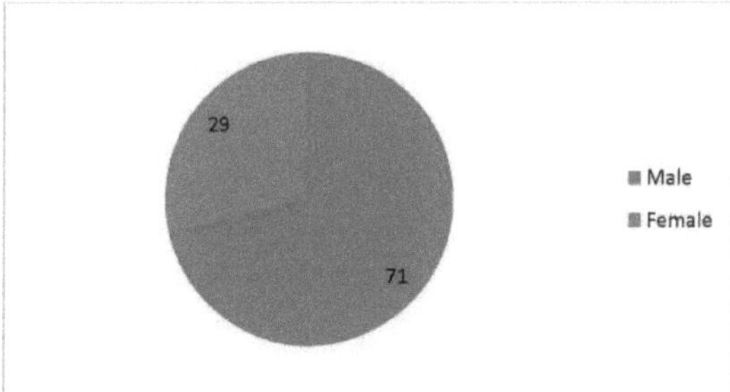

Figure 3.4: Population Size of Respondents

As principais questões qualitativas da investigação efectuada. A primeira questão centrava-se especificamente na importância da aplicação móvel para melhorar a dádiva de sangue e nos seus benefícios no sistema nigeriano.

3.3.1 Gerir o questionário de investigação

O estudo foi realizado na capital federal de Abuja, na Nigéria, onde o investigador recolheu dados junto dos nigerianos que aí vivem e de algumas das universidades e colégios de Abuja. Os inquiridos representavam diferentes etários e potenciais dadores. O questionário foi distribuído a uma amostra 100 inquiridos, 71 homens e 29 mulheres. As perguntas específicas do questionário de investigação foram validadas por um simples inquérito a alguns clientes potenciais, que foram depois incluídos como inquiridos. A figura 3.4 mostra a participação de homens e mulheres num gráfico circular. A Tabela 3.4 mostra o número de homens e mulheres que participaram neste inquérito, que é utilizado para ilustrar a Figura 3.4.

Table 3.4: Inquiridos por género

Respondents	Gender	
	Male	Female
Number of respondents	71	29

A população-alvo é constituída por vários estabelecimentos fortemente povoados por estudantes nigerianos que são potenciais dadores de sangue. A idade dos participantes varia entre os 18 e os 50 anos.

3.3.2 Âmbito e desafios da recolha de dados

Os dados recolhidos para este estudo limitam-se aos residentes do Território da Capital Federal (FCT) da Nigéria. Os residentes fora do FCT não foram incluídos no inquérito. Atrair a atenção dos residentes pode ser um desafio, uma vez que a área do FCT é muito comercial e movimentada. Um problema é o facto de alguns inquiridos não preencherem o questionário a tempo, o que pode ser um pouco frustrante. Outro grande problema pode ser a disponibilidade de alguns inquiridos.

3.4 Requisitos do sistema

O sistema tem de cumprir determinados requisitos para funcionar de forma óptima. Estes incluem os seguintes requisitos de hardware: Processador Pentium (R) Dual-Core-CPU com 2,00 GHz ou superior, pelo menos 1 GB de espaço livre no disco rígido para instalação, pelo menos 512 MB de RAM, uma porta USB e uma unidade de CD-ROM. O software é desenvolvido de acordo com os requisitos listados na tabela 3.3, que são explicados abaixo como requisitos para o software (front-end e back-end). Estas são as especificações dos requisitos para a aplicação móvel a ser desenvolvida.

3.4.1 Requisitos de back-end

O SQLite 3.1.3.0 é utilizado para desenvolver a base de dados do sistema. Esta é uma plataforma de base de dados de código aberto utilizada para desenvolver software para aplicações móveis. O Android oferece suporte total para bases de dados SQLite. A plataforma Android inclui a popular base de dados de código aberto SQLite, que é utilizada com muito sucesso como formato de ficheiro de disco rígido, permitindo ao programador gerir facilmente os dados, mas também utilizar funções de base de dados como Desfazer, Refazer, etc. O SQLite é uma biblioteca de software que implementa o motor SQL. A força vital de qualquer aplicação Android é o suporte da base de dados. É necessário um sistema de base de dados para armazenar dados estruturados, a menos que a aplicação só trabalhe com dados simples. O Android utiliza o sistema de base de dados SQLite, uma base de dados SQL autónoma de código aberto utilizada por muitas aplicações populares. O SQLite é um motor de base de dados transacional leve que pouco espaço em disco e memória, o que o torna a escolha ideal para criar bases de dados em muitos operativos móveis, como o Android e o iOS. A força vital de qualquer aplicação Android é o suporte da base de dados. É necessário um sistema de base de dados para armazenar dados estruturados, a menos que a aplicação só trabalhe com dados simples. O Android utiliza o sistema de base de dados SQLite, uma base de dados SQL autónoma de código aberto utilizada por muitas aplicações populares. O SQLite é um motor de base de dados transacional leve que pouco espaço em disco e memória, o que o torna a escolha ideal para criar bases de dados em muitos operativos móveis, como Android e o iOS. (Sunguk Lee, 2012).

3.4.2 Plataforma frontal

A plataforma Android foi concebida para permitir que os programadores criem programas de aplicações móveis novos e inovadores que tirem o máximo partido de todas as funcionalidades dos telemóveis ligadas à Internet. O Android SDK fornece as ferramentas e APIs necessárias para começar a desenvolver aplicações na plataforma Android utilizando a linguagem de programação Java.

Java é uma linguagem de programação de alto nível orientada para os objectos, que foi influenciada de várias formas por C, C++ e Smalltalk, ao mesmo tempo que foi buscar ideias a outras linguagens. (Kelvin Yank, 2001). A figura 3.5 descreve a arquitetura do Android, que é a principal plataforma de interface.

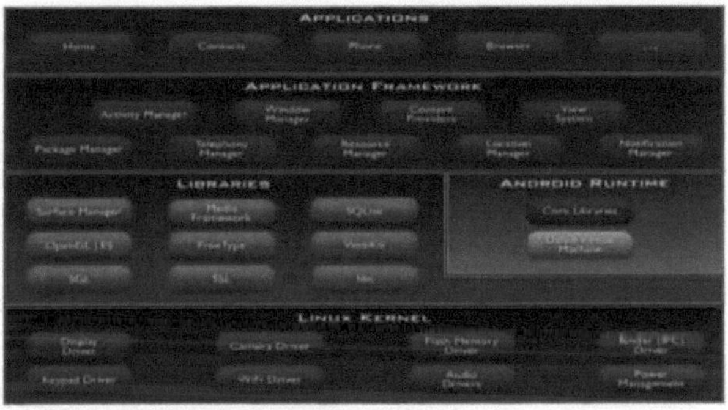

Figura 3.5: Arquitetura do Android (fonte: Sunguk Lee, 2012).

Cada aplicação Android é executada numa instância da VM Dalvik (uma tecnologia de código aberto). O Eclipse é um ambiente de desenvolvimento integrado (IDE). Inclui um espaço de trabalho básico e um sistema de plug-ins extensíveis para personalizar o ambiente. O Eclipse é escrito principalmente em Java e pode ser utilizado desenvolvimento de aplicações. Graças a vários plug-ins, o Eclipse também pode ser utilizado desenvolver aplicações noutras linguagens de programação: Ada, ABAP, C, C++, COBOL, Fortran, Haskell, JavaScript, Lasso, Lua, Natural, Perl, PHP, Prolog, Python, etc.

O Eclipse é uma plataforma extensível para a construção de IDEs. Fornece um conjunto central de serviços para controlar um conjunto de ferramentas que trabalham em conjunto para apoiar tarefas de programação. de ferramentas contribuem para a plataforma Eclipse empacotando as suas ferramentas em componentes conectáveis chamados plugins Eclipse que estão em conformidade com o Acordo de Plugins Eclipse (Kavita S. e Sindhu S.).

3.5 Ferramentas de conceção de modelos

O diagrama de fluxo de pesquisa (figura), o diagrama de casos de utilização (figura), o diagrama de fluxo do sistema (figura), o diagrama de sequência do sistema (figura) e o modelo da base de dados (figura) foram concebidos com o MS Visio 2013.

3.6 Aplicação Android

Uma aplicação Android é implementada num dispositivo com um ficheiro chamado AndroidManifest.xml. O ficheiro AndroidManifest.xml contém as informações de configuração necessárias, corretamente instaladas no dispositivo. Contém os nomes das classes e os tipos de eventos necessários que a aplicação pode manipular, bem como as permissões necessárias para que a aplicação seja executada. Por exemplo, se uma aplicação precisar de acesso à rede para descarregar um ficheiro, esta permissão tem de ser explicitamente indicada no ficheiro de manifesto. Para muitas aplicações, esta permissão específica pode ser activada. Esta segurança declarativa ajuda a reduzir a probabilidade de uma aplicação maliciosa causar danos no seu dispositivo. A Figura 3.6 mostra um exemplo de aplicação Android tal como apresentada neste estudo.

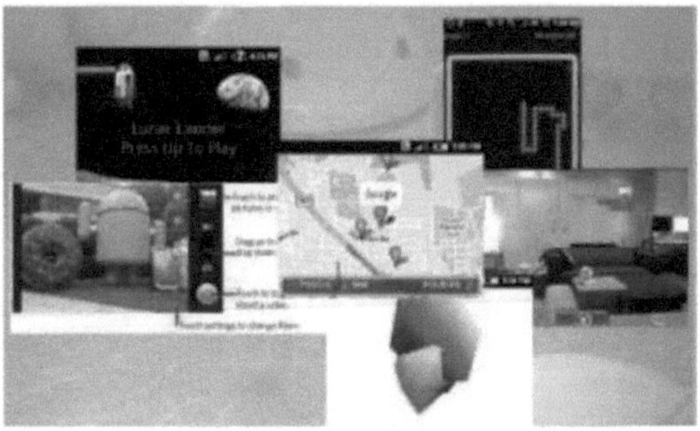

Figura 3.6: Exemplos aplicações Android (fonte: Sunguk Lee, 2012).

3.7 Resumo do capítulo

Neste capítulo, o procedimento e a metodologia de recolha de dados através de um questionário foram explicados em pormenor. A recolha de dados primários e secundários foi descrita em pormenor. A especificação e os requisitos do sistema também foram abordados neste capítulo.

CAPÍTULO 4

ANÁLISE E CONCEPÇÃO DE SISTEMAS

O Capítulo 3 discutiu a metodologia utilizada para atingir o objetivo deste estudo. Este capítulo aborda a análise e a conceção da aplicação móvel destinada a minimizar o stress no processo de doação e receção de sangue.

4.1 Análise do sistema

O diagrama de fluxo do sistema é discutido como uma análise do sistema planeado. A figura 4.1 descreve o fluxo do sistema planeado. Estes são os diferentes módulos que serão integrados na programação.

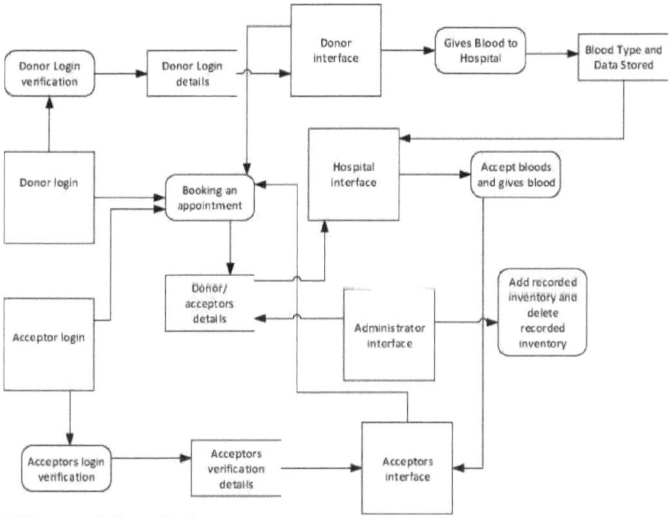

Figura 4.1: Diagrama de fluxo do sistema

Quando se trata de representar a forma como os dados de informação fluem através dos sistemas (e como esses dados são transformados no processo), os diagramas de fluxo de dados (DFD) são o método de eleição em relação às descrições técnicas, por três razões principais.

1. Os DFD são mais fáceis de compreender, tanto para os grupos-alvo técnicos como para os não técnicos.

2. Os DFDs podem fornecer uma visão geral de alto nível do sistema, com limites e ligações a outros sistemas.

3. Os DFDs podem fornecer uma representação detalhada dos componentes de um sistema1 Os DFDs ajudam os criadores de sistemas e outros na fase inicial de análise a visualizar um sistema atual ou um sistema que pode ser necessário para satisfazer novos requisitos. Os analistas de sistemas preferem trabalhar com DFDs, particularmente quando precisam de uma compreensão clara da fronteira entre os sistemas existentes e os

postulados.

Os DFDs representam o seguinte:

1. Dispositivos externos que enviam e recebem dados
2. Processos que modificam estes dados
3. Os próprios fluxos de dados
4. locais de armazenamento de dados.

Os DFD hierárquicos consistem geralmente num diagrama de nível superior (nível 0) ao qual se juntam diagramas de nível inferior em cascata (nível 1, nível 2, etc.) que representam diferentes partes do sistema. Os diagramas de fluxo de dados substituíram os fluxogramas e o pseudocódigo como meios de escolha para representar a conceção de um programa. Um DFD ilustra as funções que têm de ser executadas num programa e os dados que as funções requerem.

Os DFDs são compostos por quatro elementos básicos que ilustram a forma como os dados fluem através de um sistema: a entidade, o processo, o armazenamento de dados e o fluxo de dados. Entidade Uma entidade é a fonte ou o destino dos dados. A fonte num DFD representa as entidades que estão fora do contexto do sistema. As entidades fornecem dados ao sistema (designadas por fonte) ou recebem dados do mesmo (designadas por sumidouro). As entidades são frequentemente representadas por rectângulos (uma linha diagonal no canto direito significa que esta entidade está representada noutro ponto do DFD). As entidades são também designadas por agentes, terminadores ou fontes/substitutos.

O processo é a manipulação ou o trabalho que transforma dados, efectua cálculos, toma decisões (fluxo lógico) ou controla o fluxo de dados com base em regras comerciais. Por outras palavras, um processo recebe inputs e gera outputs. Os nomes dos processos (verbos simples e nomes de fluxos de dados, como "Submeter um pagamento" ou "Ver uma fatura") descrevem geralmente a transformação que pode ser efectuada por pessoas ou máquinas. Os processos podem ser desenhados num DFD como círculos ou rectângulos segmentados e contêm um nome e um número de processo. Uma loja de dados é um local onde um processo armazena dados entre processos para que possam ser recuperados mais tarde pelo mesmo ou por outro processo. Os ficheiros e as tabelas são considerados data shops. Os nomes das lojas de dados (plural) são simples mas evocativos, por exemplo "clientes", "encomendas" e "produtos". As lojas de dados são geralmente desenhadas como um retângulo sem o lado direito e rotuladas com o nome da área da loja de dados que representam, embora existam outras representações. O fluxo de dados é o movimento de dados entre a entidade, o processo e o repositório de dados. O fluxo de dados representa a interface entre os componentes do DFD. O fluxo de dados num DFD é nomeado para refletir o tipo de dados utilizados (estes nomes também devem ser únicos dentro de um determinado DFD). O fluxo de dados é representado por uma seta, com a seta abaixo dela acompanhada pelo nome dos dados.

(Donald S. Le Vie., 2009).

Uma unidade externa pode ser uma pessoa, um sistema ou um subsistema. É o local de onde provêm ou para onde vão determinados dados. É externa ao sistema que estamos a estudar, em termos do processo comercial. É por isso que desenhamos entidades externas na margem de um diagrama. Um processo pode ser uma atividade ou função empresarial em que ocorre a manipulação e a transformação de dados. Um processo pode ser subdividido em pormenores para representar a forma como os dados são tratados no âmbito do processo. Uma loja de dados representa o armazenamento de dados persistentes exigidos por e/ou gerados pelo processo. Exemplos de lojas de dados incluem formulários de inscrição, tabelas de bases de dados, etc. Um fluxo de dados representa o fluxo de informação, sendo a sua direção representada por uma ponta de seta que aparece na(s) extremidade(s) do conetor do fluxo (Logizian, 2012).

A Figura 4.1, o fluxograma do sistema, representa o fluxograma de dados do sistema. Com base na Figura 4.1, o fluxograma da aplicação móvel deste trabalho de investigação, o processo inclui a verificação da identificação do dador, a dádiva de sangue no hospital, a marcação de consultas, a aceitação de sacos de sangue e a dádiva de sangue, a verificação da identificação do dador e a adição e eliminação do inventário armazenado. As unidades externas incluem a interface do dador, a interface do aceitador e a interface do administrador. Os armazenamentos de dados incluem dados de login do dador, dados de login do recetor e grupo sanguíneo e dados armazenados.

4.2 Conceção do sistema

O diagrama de casos de utilização, o diagrama de sequência do sistema, o diagrama de sequência e o modelo da base de dados, tal como se mostra nas Figuras 4.2, 4.3, 4.4 e 4.5, respetivamente, constituem a conceção de base das fases do sistema. O MS Visio (ver Quadro 3.3) é utilizado para a conceção.

4.2.1 Diagrama utilização

O principal objetivo do diagrama de casos de utilização é ajudar os investigadores a visualizar os requisitos funcionais de um sistema, representar a relação entre os diferentes intervenientes e mostrar como estes se relacionam com o sistema. Mostra um grupo de de utilização, quer todos os de utilização para todo o sistema, quer uma decomposição de um grupo específico de casos de utilização com funções relacionadas. A interação e as pessoas que têm o direito de ver a aplicação móvel são apresentadas no Quadro 4.1 Descrição do caso de utilização da aplicação móvel.

A Tabela 4.1 apresenta a descrição do diagrama de classes. O diagrama de classes ajuda o investigador a mostrar qual será o aspeto do frontend e do backend do sistema se forem definidos privilégios diferentes. A tabela do diagrama de classes apresenta uma descrição do funcionamento do diagrama de classes.

Quadro 4.1: Descrição do utilização da aplicação móvel

Actor	Use case	Description
Donor	Register as donor	The donor register to the system to be able to have full privilege of the frontend of the system.
Acceptor	Register as acceptor	Acceptor register to the system and request blood from the hospital
Stakeholders	Hospital	The hospital accepts appointment, accept and request blood from the potential donor and update the inventory.
	administrator	View stakeholder's information and update the mobile application.

O dador deve registar-se no sistema e marcar um exame médico.

o hospital responde através do administrador que gere o backend da aplicação móvel. A interação entre os vários intervenientes é ilustrada na Figura 4.2: Diagrama utilização Apelo à doação de sangue

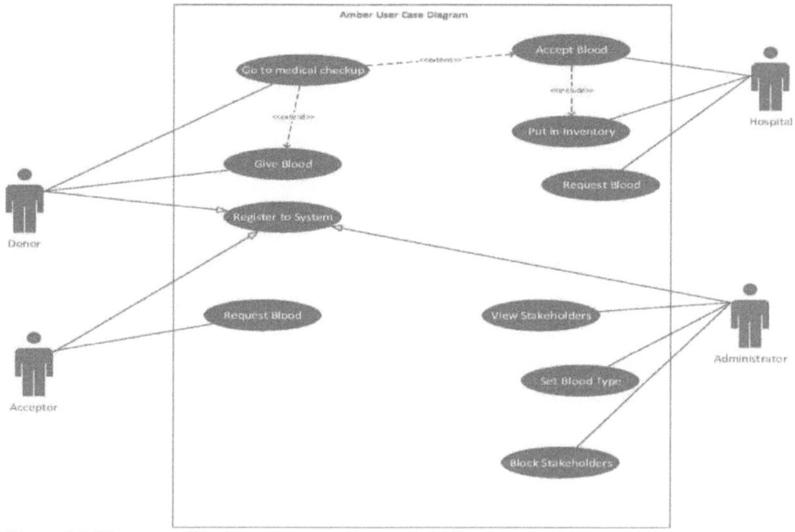

Figura 4.2: Diagrama utilização para o procedimento de dádiva de sangue

Um dos principais objectivos do UML é fornecer à comunidade de programadores uma linguagem de conceção estável e comum que possa ser utilizada para o desenvolvimento e a criação de aplicações informáticas (Donald Bell, 2003). O UML é uma linguagem de modelação discreta orientada para objectos e destina-se a ser uma linguagem de modelação universal e de uso geral para sistemas discretos, como software, firmware ou lógica digital. O UML não é uma metodologia ( ), mas sim um programa que pode ser integrado nos processos de negócio de qualquer empresa sem exigir quaisquer modificações. A UML oferece uma série de diagramas que, quando utilizados no âmbito de uma determinada metodologia, facilitam a compreensão de uma aplicação em desenvolvimento. Os diagramas UML são o diagrama de casos de utilização, o diagrama de classes. Diagrama de sequência do sistema e diagrama de sequência

4.2.2 Diagrama de sequência

Nesta secção, o diagrama de sequência mostra como todos os intervenientes interagem com o sistema. Todas as entradas e marcações são feitas através do hospital, que dá instruções ao administrador para atualizar o sistema e fazer a marcação. O dador dá sangue ao hospital e o recetor recebe sangue do hospital. O hospital dá instruções ao administrador para atualizar o sistema e fazer um inventário dos tipos de sangue disponíveis, que são devolvidos ao hospital. A Figura 4.4 ilustra o diagrama de sequência.

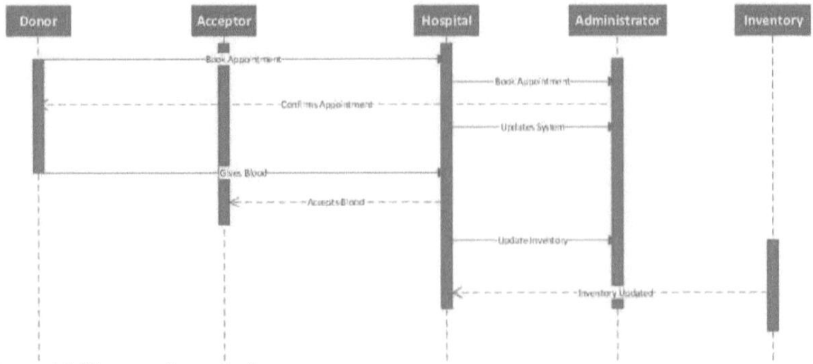

Figura 4.3: Diagrama de sequência

4.3 Modelo de base de dados

O diagrama de classes permite ao investigador mostrar como diferentes entidades estão relacionadas entre si e representar classes lógicas definidas por nomes, atributos e métodos. Um diagrama de classes é composto por uma série objectos primitivos do diagrama, incluindo a classe nomeada, a generalização e a associação nomeada. A classe nomeada contém o nome, os métodos e os atributos do sistema (a Figura 4.5 mostra o diagrama de classes do projeto).

4.4 Resumo do capítulo

Este capítulo descreve o processo de desenvolvimento do sistema e a forma como os actores e as partes interessadas interagem entre si para criar um sistema seguro e eficaz.
Os actores e as partes interessadas interagem entre si para criar um sistema seguro e eficaz. São também abordados o fluxograma do sistema, o diagrama de sequência do sistema, o diagrama de casos de utilização, o diagrama de classes de conceção e o diagrama de sequência.

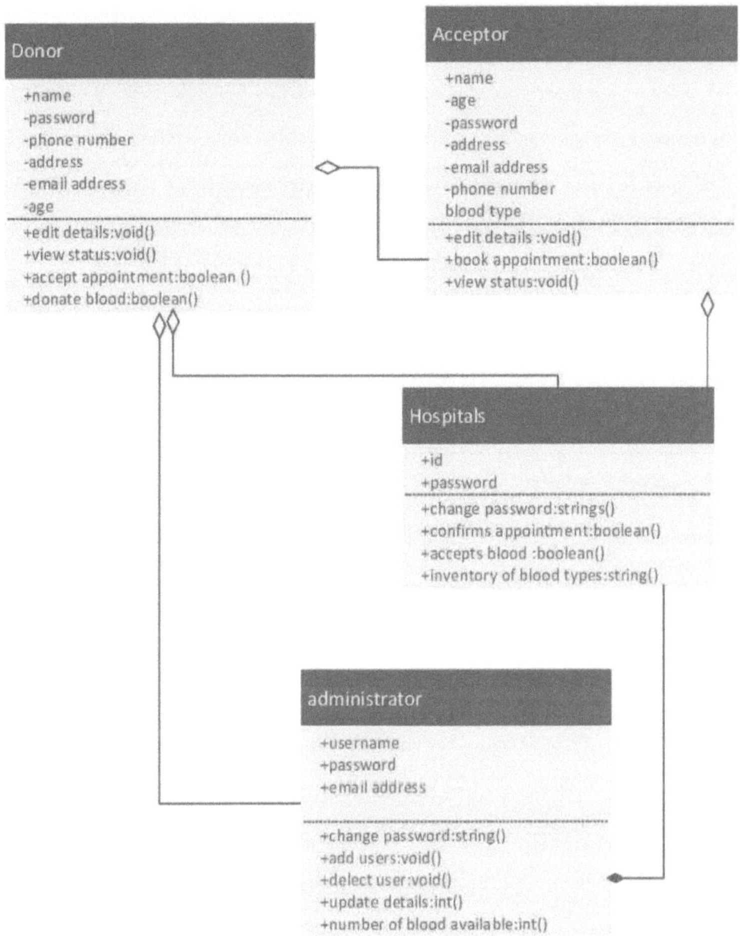

Figure 4.4: Database Model Diagram

CAPÍTULO 5

IMPLEMENTAÇÃO E TESTE DE SISTEMAS

O capítulo 4 foi dedicado à análise e à conceção da aplicação móvel. Este capítulo apresenta os resultados do programa. Os elementos abrangidos incluem as ferramentas de desenvolvimento, o front-end e o back-end. A vista frontal da aplicação mostra aos potenciais dadores e receptores/compradores o hospital ou BTS mais próximo da sua localização. Existe também uma vista de back-end em que o administrador do sistema gere toda a informação necessária registada na aplicação pelos dadores e compradores.

A interface de utilizador da página inicial, a interface de utilizador do dador e do comprador, a interface de utilizador de registo do dador e a interface de utilizador do comprador constituem o front end da aplicação, enquanto o back end contém os registos armazenados pelos potenciais dadores e aceitantes.

5.1 Ferramentas de desenvolvimento

Este capítulo constitui a contribuição efectiva deste trabalho, que é conseguida através da utilização de uma série de ferramentas específicas. Estas ferramentas incluem o Eclipse, o AVD, o SQLite, o MS Visio 2013 e o Java, que já foram mencionados na Tabela 3.3.

5.1.1 MS Visio 2013

Isto levou à conceção de diagramas de casos de utilização, de diagramas de fluxo do sistema e do modelo da base de dados, como se mostra na Figura 4.1-4.5 no Capítulo Quatro. Estes diagramas servem de guia para o desenvolvimento do sistema, seguindo as linhas gerais da programação. Um modelo é uma coleção de formas para um determinado tipo de desenho. Para o mapeamento básico de processos, a maior parte das formas de que necessitamos estarão contidas no modelo de fluxograma básico que aparece por defeito quando seleccionamos o modelo de fluxograma básico (Faye Brockwell, 2014). As formas do fluxograma básico, que incluem o processo, o sub-processo, a decisão, o início/fim, são utilizadas para personalizar cada desenho como pretendido.

5.1.2 Eclipse

O Eclipse é utilizado como ambiente de desenvolvimento integrado (IDE) para a programação Java. É neste ambiente que o código Java é executado para criar as várias interfaces para este trabalho, que servem de front-end. A plataforma Eclipse está a ser utilizada para criar um ambiente de desenvolvimento Java completo para esta aplicação móvel.

O Eclipse Software Development Kit (SDK), que é o principal ambiente de desenvolvimento integrado (IDE)

Java™ e a melhor ferramenta disponível para criar produtos baseados na plataforma Eclipse, é o foco . A Figura 5.1 mostra uma captura de ecrã da janela principal do workbench, tal como aparece apenas com os componentes genéricos padrão da plataforma Eclipse. A Figura 5.2 mostra os principais componentes e APIs da plataforma Eclipse.

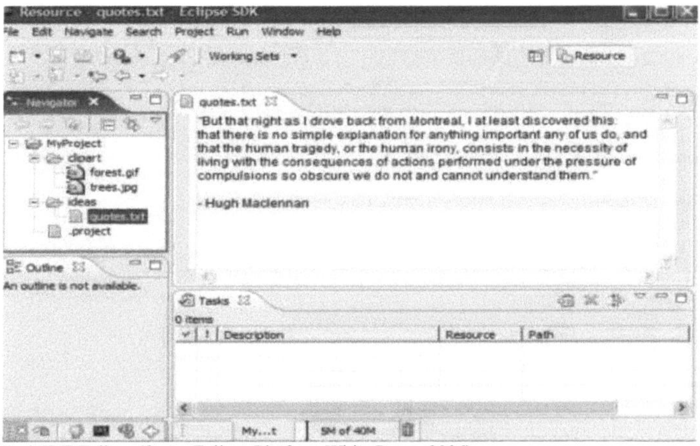

Figura 5.1: O IDE Eclipse (fonte: Eclipse Platform White Paper, 2006).

A arquitetura da plataforma Eclipse IDE é descrita na Figura 5.2, que foi incluída apenas por razões de clareza e compreensão.

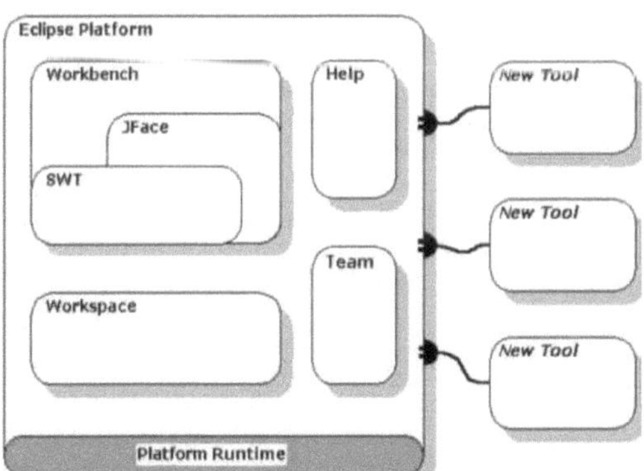

Figura 5.2: Arquitetura da plataforma Eclipse (fonte: Eclipse Platform White Paper, 2006).

5.1.3 Interatividade do SQLite

Este é concebido com base na figura 4.5 como uma base de dados, designada por backend no sistema, que serve de armazenamento de dados para o sistema. Os dados persistentes são geridos por uma base de dados SQLite local. Esta armazena valores de configuração persistentes, como a data da última atualização da base de dados. Os dados utilizados pela aplicação para apresentar informações sobre determinados parâmetros também são armazenados aqui. O conteúdo estático da aplicação, como a página "sobre" ou todos os textos modais, os dados para as diferentes redes de monitorização com o mapeamento de dados entre todas estas redes também são armazenados em SQLite (MYGEOSS AirQ, 2016). Nesta aplicação, os dados sanguíneos e outros dados relevantes são armazenados na base de dados. A Figura 5.3 descreve a forma como um sistema interage com a base de dados SQLite, cujo conceito se aplica à aplicação abordada neste capítulo.

A figura 5.3 mostra a interação do SQLite com o servidor Web e o servidor de configuração. O servidor Web, que é a API de reposição, interage com a base de dados SQLite, como indicado pelas linhas duplas de setas, que também são utilizadas com o outro sistema. Pode ver-se que os dados de teste e de configuração do conteúdo são solicitados ao sistema e que a base de dados SQLite é actualizada localmente, se necessário. A base de dados SQLite está localizada no telemóvel. Por conseguinte, é o telemóvel que inicia qualquer interação relevante a este respeito.

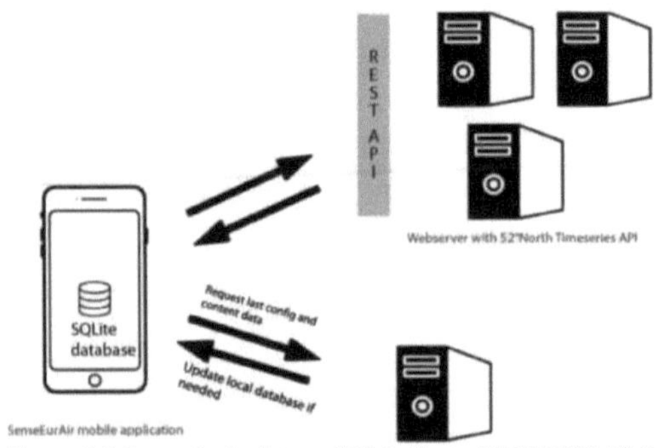

Figura 5.3: Interação do sistema SQLite (fonte: MYGEOSS AirQ, 2016)

5.1.4 Ecrã visual Android (AVD)

As aplicações Android incluem uma série aplicações principais, nomeadamente o cliente, o programa SMS, os mapas e os contactos (Li Ma et al, 2014). Todos estes programas são desenvolvidos em Java e são considerados móveis, dependendo dos requisitos do cliente. A Figura 5.4 mostra uma arquitetura típica do Android, semelhante à deste trabalho de investigação. As aplicações Android podem ser simuladas com o emulador AVD, o simulador de interesse neste estudo.

A figura 5.4 mostra que os principais elementos da arquitetura Android incluem a home, o telefone e o browser na disposição da aplicação, o gestor de actividades, o gestor de janelas e o fornecedor de conteúdos na estrutura da aplicação, gestor de interfaces e estrutura multimédia na disposição das bibliotecas, o núcleo e as bibliotecas Delvik na disposição do tempo de execução e os controladores de ecrã, a câmara e os controladores

USB no kernel Linux1 . Esta aplicação imitar esta arquitetura. Mesmo que não se pareça exatamente com ela. O principal objetivo simplificar o processo de doação de sangue em Abuja, a capital da Nigéria.

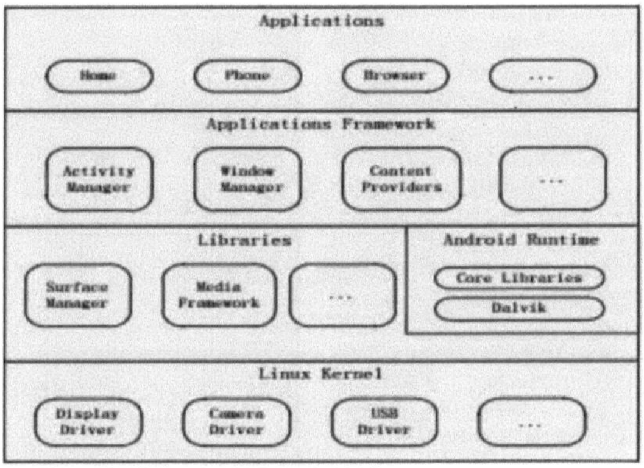

Figura 5.4: Arquitetura do Android (fonte: Li Ma et al, 2014)

O AVD Manager e o emulador são ferramentas para o desenvolvimento de aplicações Android e estão incluídos no Android SDK. Este emulador funciona em todos os operativos suportados pelo Android SDK, como o Windows e o Mac. A Figura 5.5 mostra o emulador no ecrã do computador. O programa emulador apresenta o ecrã simulado do dispositivo móvel à esquerda e o teclado simulado e as teclas de hardware presentes em alguns dispositivos Android à direita (Jose Calla Guzman, 2012).

A Figura 5.5 é uma página padrão do DSA que descreve localização de todos os menus relevantes. Os botões e as teclas simplesmente fornecem ao utilizador opções para operar a aplicação. Embora existam seis menus principais, pode haver mais ou menos, dependendo interesse do programador da aplicação. Também é possível que o interesse do programador no número de botões seja o mesmo que a norma, mas que os nomes dos botões sejam diferentes, o que pode ser facilmente alterado. No caso de os botões serem idênticos, mesmo nos seus nomes, a validação da aplicação, que interatividade, ou a navegação dos menus podem ser diferentes.

Neste trabalho de investigação, a aplicação tem apenas três menus principais e não corresponde a nenhuma das especificações da Figura 5.5

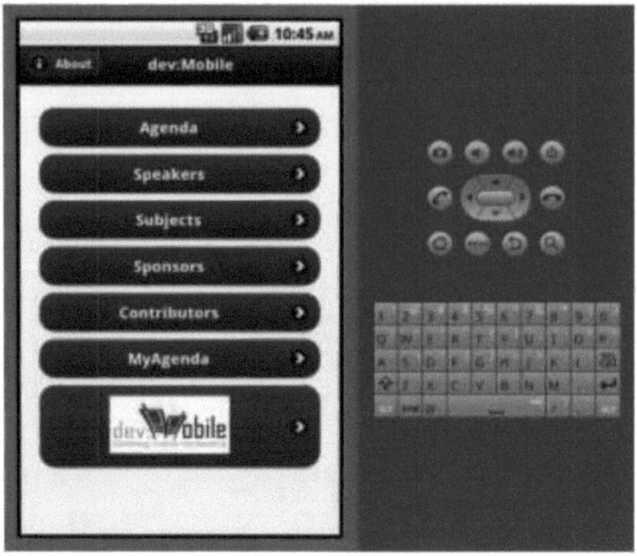

Figura 5.5: Emulador de AVD (fonte: Jose Calla Guzman, 2012)

5.2 Front-ends de aplicações

Os front-ends, ou seja, as diferentes interfaces desta aplicação, são constituídos pela página de acolhimento, a página de acesso, a página dos dadores e dos compradores e as páginas de registo.

5.2.1 Página principal

A página inicial apresenta a navegação aceder à aplicação. É constituída pelos vários separadores para iniciar a sessão, como mostra a Figura 5.6.

A página inicial da Figura 5.6 apresenta uma imagem que retoma o tema desta investigação, nomeadamente o "sangue". O símbolo da gota de sangue com a "gota da vida" indica que o sangue é vida e que goteja uma transfusão. "HS Blood Bank" ilustra que se trata de um banco de sangue que dá e recebe sangue.

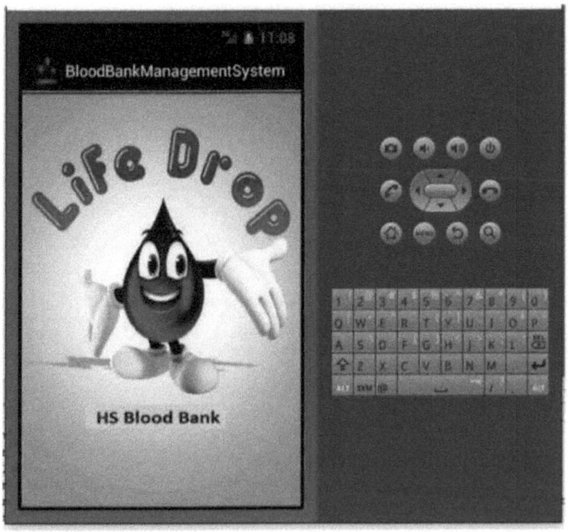

Figura 5.6: Página inicial

A conceção permite que cada utilizador aceda a cada área de interesse e se registe em conformidade para marcar uma consulta ou fazer uma doação.

5.2.2 Página de boas-vindas

Aqui, o utilizador faz o login na aplicação selecionando o botão pretendido, como mostra a Figura 5.7, com os botões de detalhe e de navegação para aceder à aplicação. O ecrã de boas-vindas apresenta os vários intervenientes e os procedimentos de login. Cada utilizador faz a ligação a cada área de utilizador.

A página de boas-vindas apresentada na Figura 5.7 é composta pelos menus principais "Admin Login", "Donors" e "Buyers". O botão "Admin Login" leva o administrador para a página onde pode iniciar sessão para recuperar os dados de registo dos dadores e dos compradores e dar conselhos adequados sobre as doações e as aceitações. Ao clicar no botão "Donor" (Doador), o administrador é reencaminhado para a página de registo do doador. Clicando no botão "Comprador", acede-se à página de registo do comprador.

Enquanto o botão admin só está acessível aos administradores (void privado), os botões do doador e do comprador estão acessíveis ao público (void público).

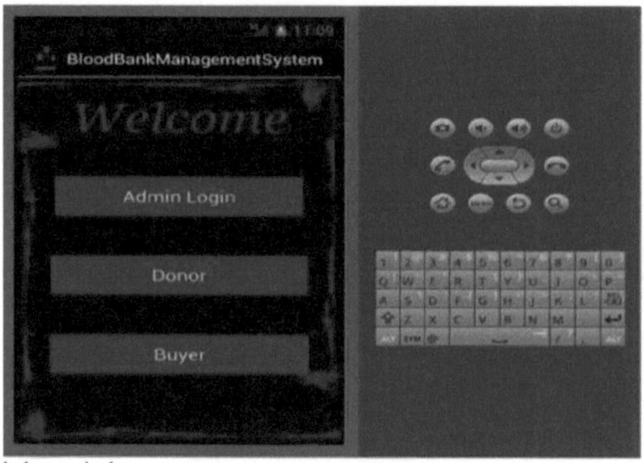

Figura 5.7: Página de boas-vindas

A página inicial, também conhecida como página de acesso, é a primeira interface do de doação de sangue, apresentando os principais botões em que o utilizador tem de clicar para iniciar a sessão. É a primeira página que um utilizador vê quando acede às aplicações e guia-o outros níveis da aplicação.

5.3 Interfaces para registo

As interfaces de registo são as interfaces "donor" (dador) e "buyer" (comprador). Clicar no botão "donor" (dador) na Figura 5.7 leva utilizador para a interface de registo do dador na Figura 5.8, enquanto clicar no botão "buyer" (comprador) leva o utilizador para a interface de registo do comprador na Figura 5.9.

5.3.1 Interface de registo de dadores

Quando o utilizador clica no botão "donor" (doador) na Figura 5.7, é conduzido a uma interface de registo de doadores na Figura 5.8. Esta interface permite ao público decidir quando tenciona doar ou comprar, ou seja, um vazio público. A página da Figura 5.8 mostra como um potencial dador pode registar as suas intenções e também encontrar a BTS disponível mais próxima. Aqui, os dados do dador e do comprador ou recetor são registados em páginas separadas, cada uma indicando o tipo de sangue e o sexo, como mostra a Figura 5.8

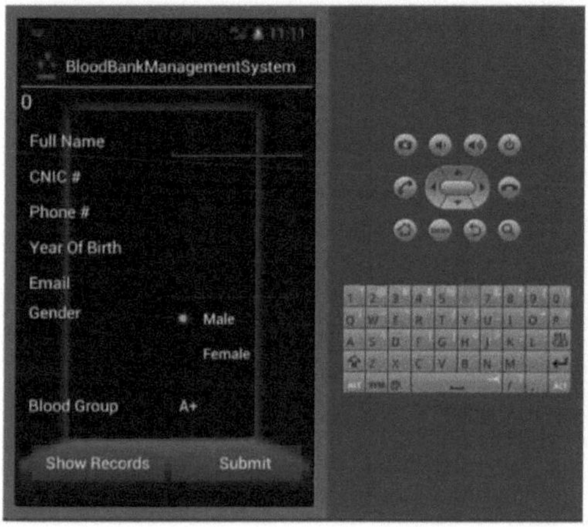

Figura 5.8: Interface de registo do dador

5.3.2 Interface de registo do comprador

É aqui que o comprador ou recetor de sangue se regista para pedir sangue. As suas informações básicas são tratadas de forma estritamente confidencial e o sítio tem uma área pública e uma área privada a que só o comprador ou o recetor têm acesso. O número, a senha e a data de nascimento são dados privados a que só o utilizador tem acesso. Esta situação é descrita na figura 5.9.

Clicar no botão "Comprador" na Figura 5.7 leva-o para a interface de registo do comprador na Figura 5.9. Esta interface permite ao público decidir pretende fazer, doar ou comprar, ou seja, um espaço público vazio. A página da Figura 5.9 mostra como um potencial comprador pode registar a sua intenção de doar sangue e como encontrar a BTS mais próxima. O formulário de registo é apresentado na Figura 5.9.

5.4 Início de sessão do administrador

O login de administrador fornece ao administrador uma interface para iniciar sessão e aceder a todos os registos de dadores e aceitantes. O administrador gere os registos do dador e do aceitante como uma esfera privada. O aceitante não tem acesso aos dados de registo do dador, o dador tem acesso aos dados de registo do aceitante. Mas o administrador conhece ambos confidencialmente. A Figura 5.10 descreve a interface de login do administrador.

Os dadores podem dar sangue em vários locais onde existem BTSs e hospitais. A figura 5.10 mostra a lista de pessoas que doaram sangue. A verificação só é efectuada quando o sangue chega ao centro BTS e o centro já comunicou o número de litros/garrafas disponíveis. A BTS e o hospital utilizam o local de verificação para reduzir ou eliminar inconsistências nas dádivas de sangue e saber qual grupo sanguíneo disponível requerido pelo dador ou comprador de sangue. Não se trata de um incentivo para os dadores, mas de um ato de caridade.

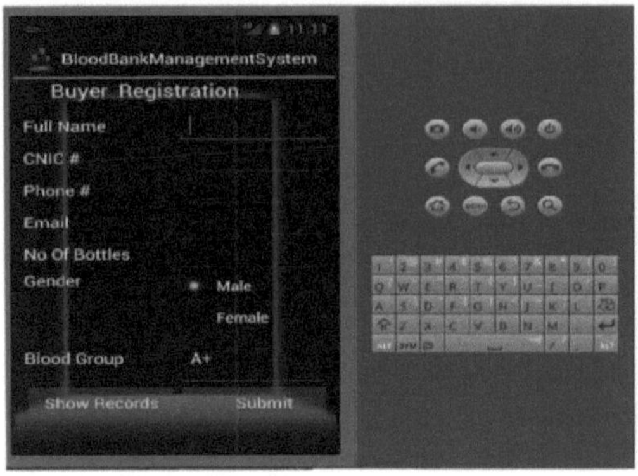

Figura 5.9: Interface aceitante/comprador

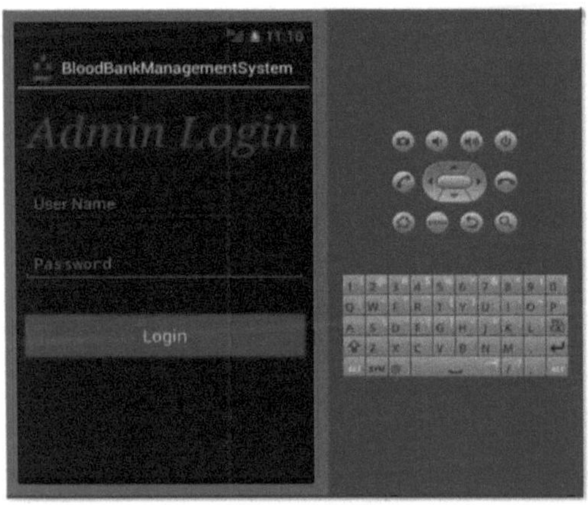

Figura 5.10: Página de início de sessão do administrador

5.4.1 Interface para administradores

Na interface acessível ao administrador, os botões do dador e do comprador (aceitador) são apresentados em conformidade. Se clicar no botão da interface do dador, são apresentados os de registo do dador, que são utilizados para o contacto necessário com o aceitante disponível. Da mesma forma, ao clicar no botão do comprador, são apresentados os de registo do comprador.

O login de administrador, que acesso administrativo aos dados de registo dos dadores e adoptantes, é um vazio privado. Por outro lado, a plataforma de registo, que o acesso público às doações e aceitações, é um vazio público. A Figura 5.11 mostra o aspeto da interface do dador e do comprador (aceitante) quando o administrador faz o login.

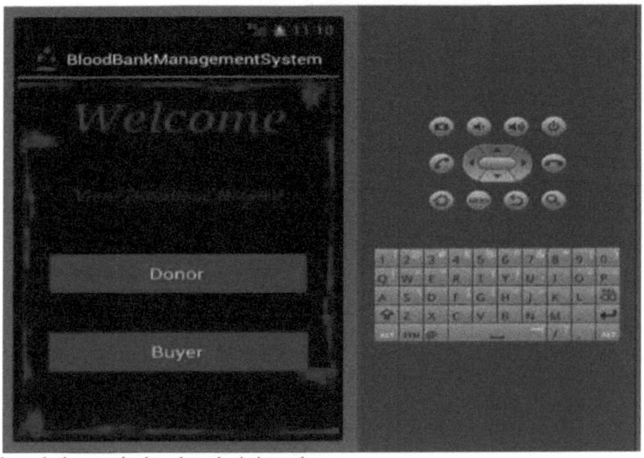

Figura 5.11: Interface de boas-vindas do administrador

Esta imagem mostra o botão de navegação que permite ao administrador aceder a determinadas informações. O administrador, por exemplo o pessoal médico, clica no botão "dador" ou "comprador" para aceder às informações de registo apropriadas para a doação subsequente e para os conselhos de aceitação.

5.4.2 Registos de dadores e compradores

Os de registo do dador, a que ele próprio pode aceder, são também acessíveis ao administrador. Da mesma forma, registo do comprador, a que ele próprio pode aceder, também são acessíveis ao administrador. As figuras 5.12 e 5.13 mostram os registos que podem ser acedidos pelo administrador.

Após a dádiva de sangue, a informação sobre o dador é registada na base de dados do sistema (ver Figura 5.12). Indica o grupo sanguíneo do dador e, consequentemente, a disponibilidade ou qualidade do sangue disponível no local da BTS. Ajuda o hospital e a BTS a tomar uma decisão rápida sobre como obter sangue por outros meios.

A Figura 5.12 mostra que são apresentados o nome do dador, o número do hospital e o tipo de sangue. No caso das transfusões de sangue, o tipo de sangue é importante e, como está disponível no registo apresentado, o administrador e/ou o pessoal médico podem dar conselhos sobre a aceitação da dádiva. Uma vez aceite a dádiva, o dador é rastreado antes de o sangue ser retirado para transfusão. No entanto, apenas a quantidade adequada de sangue para transfusão é retirada do dador.

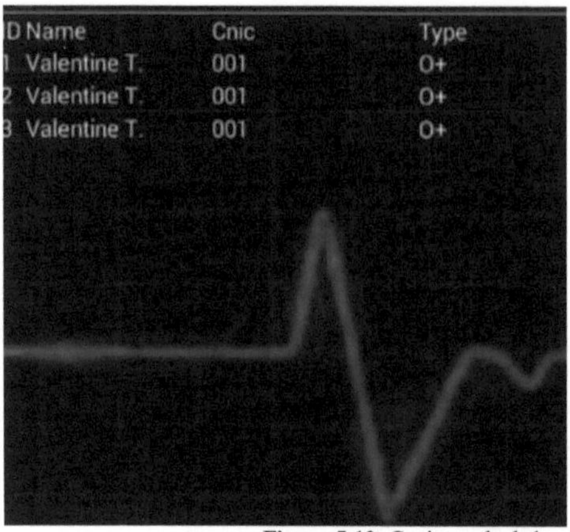

Figura 5.12: Conjunto de dados de registo de dadores

Como se pode ver na Figura 5.10, são apresentados a identificação do recetor, o número de sacos de sangue e o tipo de sangue. No caso das transfusões de sangue, o tipo de sangue é de maior importância e, como está disponível no registo apresentado, o administrador e/ou o pessoal médico podem aconselhar a aceitação da dádiva. Uma vez aceite a dádiva, o dador é examinado antes de o sangue ser retirado para transfusão. No entanto, apenas a quantidade que pode ser doada é recolhida e paga antes da transfusão.

A figura 5.12 mostra que o Computerised National Identity Card (CNIC) é um cartão de identidade emitido pela National Database and Registration Authority (NADRA) na Nigéria. É utilizado para identificar o dador e assegurar a rastreabilidade, uma vez que o dador é o cliente mais importante no processamento das dádivas de sangue. O tipo de sangue é utilizado para determinar se o sangue necessário está ou não disponível através de oferta de registo e se o dador precisa de ser rastreado. O nome só pode ser utilizado para confirmação posterior.

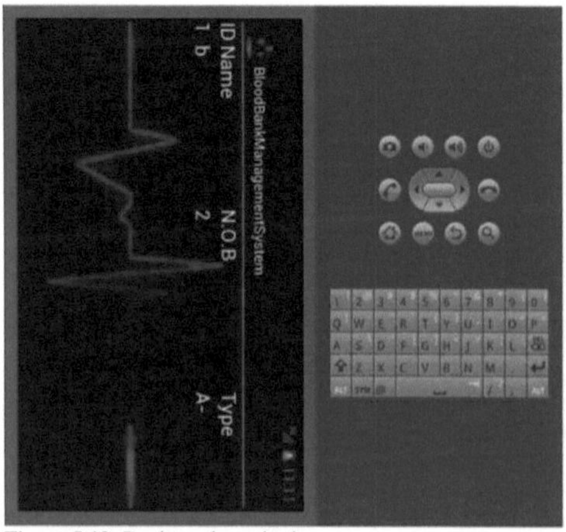

Figura 5.13: Registos do aceitador

A Figura 5.13 mostra que o grupo sanguíneo é utilizado para determinar se é útil ter sangue disponível no banco de sangue ou registar o dador, enquanto que o número de frascos (N.O.B), tal como indicado na figura, é utilizado para determinar se o número necessário de frascos está disponível antes de prosseguir com a transação de receção e transfusão.

5.5 Back-end da aplicação

As figuras 5.12 e 5.13 descrevem o backend, onde são armazenados os registos dos dadores e receptores registados. Na visualização do backend, o administrador tem o direito de aceder, se necessário, às informações disponíveis sobre os dadores e os destinatários. O administrador tem o privilégio aceder a determinadas informações sobre os registos dos dadores/destinatários, que são geralmente confidenciais. Em especial, o administrador informa os dadores de sangue activos sobre o rastreio necessário e a doação subsequente. O administrador informa também o recetor da disponibilidade do dador para aceitação, compra e transfusão.

A vista de backend descreve o sangue disponível. Mostra o BTS disponível mais próximo e o número de sacos de sangue necessários. O conteúdo do backend inclui

Documentos de registo dos dadores

1. Registos do aceitador/comprador
2. Tipo de sangue disponível.
3. Número de sacos de sangue necessários

5.6 Resumo do capítulo

No resumo deste capítulo, verificamos que, ao aceder à interface, aparece uma página inicial, a partir da qual se acede à página de boas-vindas. A página inicial contém um botão para a página de administração, que dá ao administrador acesso a todos os registos, ajudando o administrador e/ou o pessoal médico a aconselhar adequadamente os dadores e os compradores.

Os outros botões importantes na página de boas-vindas são os botões "doador" e "comprador". Clicar no botão "doador" leva os utilizadores para o de registo de donativo e clicar no botão "comprador" leva-os para o de registo de doador, onde ambos os clientes se registam. Os dadores registam o seu interesse em fazer uma doação na página de registo de dadores e continuam a fazer uma doação na página de dadores depois de receberem um convite, antes de finalmente fazerem uma doação. O recetor regista-se e aceita na página de registo do recetor/comprador, após o que o dador é convidado a submeter-se a um rastreio antes de ser colhido sangue para transfusão. O administrador tem acesso a todos os dados necessários na página do administrador.

CAPÍTULO 6

CONCLUSÃO E TRABALHO FUTURO

6.1 Resumo da investigação

O contexto do estudo, o problema, os objectivos, a metodologia, a importância, a organização do trabalho e as publicações foram desenvolvidos em conformidade. A partir daí, foi abordar as lacunas da investigação, que constituem uma grande preocupação na Nigéria enquanto nação que precisa de ser remediada. Foi necessário rever o trabalho relacionado como parte de um exercício de síntese para se concentrar neste trabalho e desenvolver uma abordagem metodológica concetual para o desenvolvimento do sistema no Capítulo Dois. Isto deverá ajudar a alcançar os objectivos pretendidos.

Explicação pormenorizada do procedimento e da metodologia de recolha de dados, que foi efectuada através um inquérito. O de inquérito utilizado para a recolha de dados foi um questionário apresentado aos nigerianos, independentemente do seu estatuto, homem ou mulher, jovem ou idoso, dador ou recetor. Os dados primários foram recolhidos através do questionário, enquanto os dados secundários provinham de investigações, análises e projectos anteriores. Os dados recolhidos foram utilizados de forma fiável e detalhada para o desenvolvimento da aplicação pretendida.

Foram discutidas as especificações e os requisitos do sistema. Foi descrito o processo de desenvolvimento do sistema e a forma como os actores e as partes interessadas interagem para obter um sistema seguro e eficiente. Foram também discutidos o fluxograma do sistema, o diagrama de sequência do sistema, o diagrama de casos de utilização e o diagrama de classes de conceção. O fluxograma descreveu as etapas do processo de programação, cujos resultados foram examinados.

O front-end inclui essencialmente a página inicial e outros menus importantes, como as páginas de registo de donativos e de aceitação de donativos, que foram desenvolvidas com êxito de acordo com fluxograma. O back-end (conceção da base de dados) também segue o algoritmo destacado (fluxograma). Em termos simples, o fluxograma descreve a abordagem passo-a-passo do desenvolvimento do sistema.

O diagrama de sequência do sistema descreve a interação entre os actores (dadores e receptores) e os intervenientes no serviço de transfusão de sangue, ou seja, o pessoal administrativo e o restante pessoal do hospital. Neste diagrama, os dadores e os receptores interagem entre si para assegurar que o sangue é corretamente examinado e recebido, prevenindo assim a transmissão de infecções transmitidas pelo sangue.

O diagrama de casos de utilização descreve a forma como os vários actores estão ligados às partes interessadas. Neste caso, o doador envia um pedido de donativo, que depois tem de passar pelos canais adequados antes de ser finalmente aceite. O fluxo dos canais envolvidos é descrito no diagrama de casos de utilização.

O diagrama de classes descreve as medidas de segurança para o processo de doação. Explica o void privado e o void público. O void privado protege as palavras-passe, a data de nascimento, o endereço de correio eletrónico e o número de contacto do dador e do recetor. O void público contém o nome do grupo sanguíneo que está protegido.

Ao executar a aplicação, veremos que, ao aceder à interface, aparece uma página de boas-vindas, enquanto os botões de navegação são utilizados para navegar para a página principal, como já vimos. A página de boas-vindas contém botões para o administrador, o dador e o comprador, onde é tomada decisão de acesso. Os dadores registam o seu interesse em doar sangue na página de registo de dadores, manifestando assim o seu interesse voluntário em doar sangue. O aceitador regista-se na página de registo do aceitador/comprador e disponibiliza o seu interesse em aceitar cada dador interessante e adequado. O administrador tem acesso a todos os dados necessários na página do administrador. O administrador pode aceder aos dados de registo dos dadores e dos aceitantes. Na sua essência, este trabalho apresenta um procedimento melhorado para a dádiva de sangue, que tenta minimizar os problemas associados ao procedimento existente na Nigéria e, assim, atingir o objetivo definido para este trabalho de investigação.

6.2 Objectivos alcançados

Os nigerianos da cidade de Abuja foram inquiridos através de questionários para determinar o seu nível de satisfação com a forma como as pessoas necessitadas têm atualmente acesso ao sangue. A maioria manifestou insatisfação com o atual sistema de doação de sangue, que consistia mais numa campanha e em contactos pessoais aleatórios na rua. A Figura 3.1 mostra que quase 80% dos inquiridos estão satisfeitos com o novo sistema. O objetivo de melhorar a satisfação da população nigeriana com a forma como as pessoas necessitadas têm acesso ao sangue foi, portanto, alcançado.

A análise do questionário apresentada na Tabela 3.1 e nas Figuras 3.1 e 3.2 mostra que mais pessoas consideram que a aplicação móvel oferece uma melhor solução para problemas de emergência relacionados com acidentes e vítimas de terrorismo que precisam de sangue. O objetivo foi, portanto, alcançado, nomeadamente que os nigerianos preferem utilizar a aplicação móvel para aceder a sacos de sangue.

As figuras 5.6 a 5.13, desenvolvidas em Java para o front end do sistema, cujo código se encontra no Apêndice B, demonstram a aplicação móvel proposta. Em particular, ajudam atingir o objetivo deste projeto de investigação.

6.3 Contribuição para o conhecimento

A aplicação móvel preenche a lacuna existente no método manual e rigoroso de encontrar sangue para doação, a fim de proteger as pessoas que necessitam de sangue no Território da Capital Federal, na Nigéria. Minimizará os problemas de doação de sangue associados às emergências e tornará a aplicação útil para os profissionais de saúde e as vítimas públicas que necessitam de sangue.

Contribuirá igualmente para a profissão de informático em termos do processo de desenvolvimento de aplicações e da utilização ferramentas de desenvolvimento.

6.4 Restrições

A investigação limita-se ao território da capital federal da Nigéria, Abuja, que pode não ser acessível a partir de outros Estados.

O financiamento da aplicação integral, ou seja, da experimentação e da implantação, pode ser um desafio. Em segundo lugar, chamar a atenção é geralmente mais uma questão política do que uma necessidade.

6.5 Recomendações

Os resultados do trabalho de diploma conduzem à recomendação de melhorar o sistema da seguinte forma.

1. Deve ser de código aberto para que outros programadores possam promover a sua implementação na Federação e noutros países em desenvolvimento.
2. Integrar a aplicação no atual de informação de gestão hospitalar da Nigéria incluir outros estados.
3. A aplicação deve ser sincronizada para outros operativos que não o Android.

6.6 Sugestões para trabalhos futuros

O sistema foi desenvolvido para a FCT Abuja, na Nigéria, e não inclui os outros trinta e seis (36) estados. É necessário melhorar o sistema em todos os estados nigerianos e estabelecer uma ligação com o sistema de informação hospitalar para obter resultados mais pormenorizados. A aplicação deve ser desenvolvida noutras plataformas, como as aplicações Symbian e Windows. A utilização do SIG para integrar a aplicação em todo o país será abordada na próxima investigação.

REFERÊNCIAS

Hox J.J e Boeije H.R (2005). Recolha de dados, primários vs. secundários. Encyclopedia of social measurement. S. 593 - 599

Donald Currie (2005). Recolha de dados primários. Chartered Institute of Personnel & Development. S. 184

Kothari C.R. (2004): Metodologia de investigação Métodos e técnicas, segunda edição revista. New Age International (P) Limited, editora.

Saunder M.W., Claude N.G. e Ronald G. (2009) Raising achievement by focusing a classroom team on improving classroom learning: a prospective quasi-experimental study in a Title 1 school. American Education Research Journal.1006-1033.46(4).

SalaudeenA.G.Odeh E (2011). Conhecimento e comportamento sobre a dádiva voluntária de sangue entre os estudantes de uma instituição terciária na Nigéria. Jornal Nigeriano de Prática Clínica.14 (3).

Nwogoh B, Usimenahon A e Alexander I.N (2013). Conhecimentos, atitudes e práticas relativamente à dádiva de sangue voluntária entre o pessoal de saúde do Hospital Universitário de Benim, Cidade de Benim, Nigéria. Jornal de transfusão de sangue. Jornal de transfusão de sangue.

Nwogoh B, Usimenahon A, Alexander I.N e Aigbe Isi (2012). Conhecimentos, atitudes e práticas em relação à dádiva voluntária de sangue entre os médicos de uma unidade de cuidados terciários num país em desenvolvimento. Jornal Internacional de Transfusão de Sangue e Imunohematologia.2. 2230-9020.

Mascaretti L, James V, Barbara J, Cardenas J.M, Blagoevska M, Haracic M, Rossi U (2004). Análise comparativa das regulamentações nacionais de segurança do sangue na Europa. Transfusion Medicine, Official Journal of the British Blood Transfusion Society.14 (2).105-112.

Donald Bell (2003) - Fundamentos da UML, Parte II: O de actividades. www.therationaledge.com/content/jun_03/f_umlintro_db.jsp. Acedido em 26-09-2016.

Factos e estatísticas sobre o sangue. Cruz Vermelha Americana, http://www.andersonraces.com/events/events-detail.php?intResourceID=122 .Acedido em 16.10.2015.

http://www.redcrossblood.org/learn-about-blood/blood-facts-and-statistics. Acedido em 13/03/2017.

Erhabor .O,Adias T.C& Mainasara A.S.Provisão de sangue seguro em serviços de transfusão em contextos de baixo rendimento na África Ocidental. Advance Medicine and Biology 2013 vol59,ISBN: 978-1-62257-835-1.

Karen.A ,Frances.W, John.P.(2009).Healthcare Information System (2nd ed). Wiley, 2009.

OMS 2008, http://www.who.int/mediacentre/factsheets/fs279/en/. Acedido em 13/03/2017

OMS 2015, http://www.who.int/mediacentre/news/releases/2015/voluntary-blood-donors/en/. Acedido em 113/03/2017.

Netwellness 2012, http://www.netwellness.org/healthtopics/blood/bloodtypes.cfm. Acedido em 18/04/2017.

Banco de Sangue Virtual, https://www.google.com/search?q=Virtual+Banco+de+Sangue&rlz=1C1RLNS. Acessado em 18/04/2017.

Sproxil SMS, http://acumen.org/investment/sproxil. Acessado em 18/04/2017.

ePROGESA, https://www.blood.gov.au/blood-systems. Acedido em 18/04/2017.

Hassan Abolghasemi, Nasim S. Hosseini-Divkalayi e Fariba Seighali (2010): Encouraging blood donors: Um passo em frente ou para trás. Asian Journal of Transfusion Science 2010 Jan ; 4(1) : 9-13.

Farrugia A, Penrod J, Bult JM (2010). Remuneração, compensação e substituição - a ética e a motivação da dádiva de sangue e plasma.

Vox Sanguinis © 2010 Sociedade Internacional de Transfusão de Sangue. 99(3):202-11

Gotte, Lorenz & Stutzer, Alois (2008). Blood donation and incentives: Evidence from a Field Experiment. DP No. 3580. http://ftp.iza.org/dp3580.pdf.

Susan Wentz (2012). O sangue e o corpo: Compreender os tipos de sangue. http://www.netwellness.org/healthtopics/blood/bloodtypes.cfm.

ONU (2014). Gráfico de Prevalência do VIH/SIDA na Nigéria. http://xsouth.com/un-releases-nigerias-hivaids-prevalence-chart/. Acedido em 13.03.2017.

Avert (2017). VIH e SIDA na Nigéria. https://www.avert.org/professionals/hiv-around-world/sub-saharan-afrika/nigeria.

Ghulam Mostafa Khan, Md Rahmatullah, Ishita Mostafa (2014). Relação entre grupos sanguíneos (ABO & Rhesus) e cancro da mama no Bangladesh.

Journal of the Enam Medical College, volume 4, n.º 2 (2014).

Hall T.C. - Pattenden C. - Hollobone C. - Pollard C. - Dennison A.R (2013). Diretrizes de transfusão de sangue em cirurgia geral eletiva: como otimizar as taxas de transfusão cruzada. Journal of Transfus Med Hemother 2013; 40:27-31.

Tabela de compatibilidade. http://www.bloodbook.com/type-facts.html. Acedido em 13/03/2017.

Geeta Shakya (2013). Biossegurança e gestão de resíduos. Serviços de transfusão de sangue, Nepal. Diretrizes nacionais.

http://apps.who.int/bloodsafety/transfusion services/NationalGuidelinesBiosafetyWasteManagementinNepal.pdf.

Vijaya Kumar Goddu, Kavita Duvvuri e Vidya Kaumudini Bakki (2007). Uma análise crítica da gestão de resíduos no sector da saúde em países desenvolvidos e em desenvolvimento:

Case studies from India and England. Actas da Conferência Internacional sobre Gestão Sustentável de Resíduos Sólidos, Chennai, Índia. S. 134-141.

Patil AD, Shekdar AV (2001). Waste management in the health sector in India (Gestão de resíduos no sector da saúde na Índia). Environmental Management Review. 63(2):211-20.

Ngwuluka Ndidi, Ochekpe Nelson, Odumosu Patricia e John Sunday A. (2009). Gestão de resíduos em unidades de saúde na metrópole de Jos, Nigéria. Jornal Africano de Ciência e Tecnologia Ambiental Vol. 3 (12), pp. 459-465.

Zimmerman C., Kiss L., Hossain M. (2011). Migração e saúde: um quadro para as políticas do século XXI. PLoS medicine, 8 (5). e1001034. ISSN 1549-1277.

Rajesh K. S., H.R. Murtya, S.K. Guptab, A.K. Dikshitb (2009). An overview sustainability assessment methods (Uma visão geral métodos de avaliação da sustentabilidade). Journal of Ecological Indicators, volume 15, número 1, abril de 2012, páginas 281-299.

Arvind K. Jha1, S. K. Singh1, G. P. Singh2 & P. K. Gupta (2011). Gestão sustentável de resíduos sólidos urbanos em cidades de baixo rendimento: uma visão geral. Sociedade Internacional de Ecologia Tropical 52(1): 123-131.

Kavita N. G., Saurabh Singh, Khushboo Gupta3, Neerja Raj (2015). Uma visão geral da gestão de resíduos médicos biológicos: uma revisão. Jornal Internacional de Investigação Biológica e Farmacêutica 6(2): 144149

Ime Asangansi, Kristin Braa (2010). A emergência de sistemas nacionais de informação sobre saúde baseados em telemóveis nos países em desenvolvimento. http://acumen.org/investment/sproxil. Acedido em 13.03.2017.

Anna Barbara F. et al (2012). Estudo de epidemiologia de retrovírus-II (REDS-II), componente internacional. Investigação sobre a SIDA e os Retrovírus Humanos 28(10): 1265-1272.

Warren A. Kaplan (2006). Pode o poder omnipresente dos telemóveis ser utilizado para melhorar a saúde nos países em desenvolvimento? Globalisation and Health: 10.1186/1744-8603-2-9.

Connie V. Chan, David R. Kaufman (2010). Um quadro de seleção de tecnologias para apoiar a prestação de cuidados de saúde centrados no doente nos países em desenvolvimento. Journal of biomedical informatics. 43(2). 300-306.

Arul Chib, Michelle Helena van Velthoven & Josip Car (2014). Adoção da saúde móvel em ambientes com poucos recursos: A Review of the Use of Mobile Healthcare in Developing Countries (Uma análise da utilização de cuidados de saúde móveis em países em desenvolvimento). Journal of Health Communication. 20(1). 4-34.

C.R. Kothari (2004). Research Methodology Methods and Techniques (segunda edição revista). NEW Age International (P) Limited, Publisher 4835/24, Ansari Road, Daryaganj, Nova Deli - 110002. ISBN (13): 978-81-224-2488-1

Gestão de resíduos em cidades com baixos rendimentos: uma visão geral. Sociedade Internacional de Ecologia Tropical 52(1): 123-131.

Kavita N. G., Saurabh Singh, Khushboo Gupta3, Neerja Raj (2015). Uma visão geral da gestão de resíduos médicos biológicos: uma revisão. Jornal Internacional de Investigação Biológica e Farmacêutica 6(2): 144149

Ime Asangansi, Kristin Braa (2010). A emergência de sistemas nacionais de informação sobre saúde baseados em telemóveis nos países em desenvolvimento. http://acumen.org/investment/sproxil. Acedido em 13.03.2017.

Anna Barbara F. et al (2012). Estudo de epidemiologia de retrovírus-II (REDS-II), componente internacional. Investigação sobre a SIDA e os Retrovírus Humanos 28(10): 1265-1272.

Warren A. Kaplan (2006). Pode o poder omnipresente dos telemóveis ser utilizado para melhorar a saúde nos países em desenvolvimento? Globalisation and Health: 10.1186/1744-8603-2-9.

Connie V. Chan, David R. Kaufman (2010). Um quadro de seleção de tecnologias para apoiar a prestação de cuidados de saúde centrados no doente nos países em desenvolvimento. Journal of biomedical informatics. 43(2). 300-306.

Arul Chib, Michelle Helena van Velthoven & Josip Car (2014). Adoção da saúde móvel em ambientes com poucos recursos: A Review of the Use of Mobile Healthcare in Developing Countries (Uma análise da utilização de cuidados de saúde móveis em países em desenvolvimento). Journal of Health Communication. 20(1). 4-34.

C.R. Kothari (2004). Research Methodology Methods and Techniques (segunda edição revista). NEW Age International (P) Limited, editora 4835/24, Ansari Road, Daryaganj, Nova Deli - 110002. ISBN (13):

978-81-224-2488-1

OMS África (2016). www.afro.who.int/en/nigeriaDia Mundial do Dador de Sangue - A Nigéria precisa de estratégias inovadoras para garantir um abastecimento de sangue suficiente e seguro.

Wakafield M.A, Loken.B e Honhk.R.C (2010). Utilização de campanhas nos meios de comunicação social para alterar o comportamento em matéria de saúde.

Chiesina (2012). Especialistas deploram o estado da dádiva de sangue na Nigéria.

Oroji C.C. (2015). Melhorar a dádiva de sangue segura na Nigéria: o papel dos meios de comunicação social. Jornal de educação e prática. 6(22).

Kavitha S, Sindhu S (2015). Comparação de ferramentas de depuração de ambiente de desenvolvimento integrado (IDE): Eclipse Vs Netbeans. Vol 2.2395-0072.

Faye Brockwell (2014). Mapeamento de processos com o MS Visio 2013 Referência Rápida. Sistemas de Informação. Universidade de Brighton.

Livro Branco da Plataforma Eclipse (2006). Panorama técnico da plataforma Eclipse. Atividade internacional Machines Corp. https://eclipse.org/articles/Whitepaper-Platform-3.1/eclipse-platform-whitepaper.pdf

Li Ma, Lei Gu e Jin Wang (2014). Investigação e desenvolvimento de aplicações móveis para plataformas móveis.

9 (4). 187-198

MYGEOSS AirQ (2016). Documentação da arquitetura de software do JRC - Aplicação MYGEOSS AirQ para visualização de dados do projeto AirSensEUR.

Jose Calla Guzman, Victor Cernea e Goteborg (2012). Desenvolvimento multiplataforma de aplicações móveis

-Avaliação da estrutura do PhoneGap

APÊNDICE A

Detalhes sobre os entrevistados

SECÇÃO A: DADOS DEMOGRÁFICOS

1. sexo; Masculino; Familiar.
2. nacionalidade; Nigeriano; Malasiano Outra, especificar-------
3. Idade: anos de idade
4. a. Estado civil; Solteiro; Casado; Outro, especificar-------
4b. Número de filhos, se aplicável --------------------
5. 5. Nível de instrução:

1. qual é o seu tipo de sangue?
2. acha que o sistema de doação de sangue na Nigéria é útil?
3. Com que frequência dá sangue?
4. Qual é a sua razão para doar sangue?
5. acha que irá contrair as seguintes doenças/infecções se doar sangue?
6. acha que devia haver incentivos para os dadores de sangue?

Sistema móvel de apelo ao sangue: é uma aplicação que apoia a dádiva de sangue através de uma aplicação móvel, fornecendo aos dadores e às partes interessadas informações específicas para a obtenção de sangue para satisfazer necessidades de emergência.

7. acredita que o número de dádivas de sangue voluntárias irá aumentar através da utilização do sistema de apelo móvel?
8. acredita que o apelo móvel à dádiva de sangue irá reduzir as discrepâncias (irregularidades) no banco de sangue?

MIX
Papier aus verantwortungsvollen Quellen
Paper from responsible sources
FSC® C105338

Printed by Books on Demand GmbH, Norderstedt / Germany